CONFITEOR

Bernard Besret

CONFITEOR

de la contestation à la sérénité

Albin Michel

Collection « Paroles vives »
dirigée par Jean Mouttapa et Marc de Smedt

22, rue Huyghens, 75014 Paris

ISBN 2-226-05437-5
ISSN 1151-9061

Et la nuit comme le jour illumine

Désamorcez vos peurs
Désarrimez vos cœurs
Désespérez la Mort.

(J. Lacarrière,
Sourates)

Je suis mort il y a tout juste vingt ans, en ces jours de Pentecôte 1971 où, à trente-six ans, je me suis trouvé affronté, pour mes convictions spirituelles, et l'action qu'elles inspiraient, à une menace d'attentat.

Ce soir-là, les dernières lueurs du soleil pénétraient dans l'église abbatiale par la haute fenêtre étroite qui, à l'occident, surplombe le portail. La nuit gagnait les transepts et les bas-côtés de la nef romane, gommant peu à peu les piliers de granit et les arcs qui rythment son architecture dépouillée.

En ces dimanche et lundi de Pentecôte, les assemblées de fidèles avaient été particulièrement nombreuses pour célébrer les fêtes liturgiques. Arrivant des quatre coins de la France, leurs voitures s'étaient suivies les unes les autres sur les routes sinueuses de la Bretagne intérieure pour parvenir jusqu'à cette abbaye cistercienne que les moines de saint Bernard avaient construite au

XIIe siècle dans le vallon du Gué-Briant, juste à l'orée de la forêt de Boquen, dans les collines du Mené.

Quelques amis s'étaient attardés pour achever la journée par un dernier temps de recueillement et de prière. Un murmure s'était élevé dans l'abbatiale, chacun faisant vibrer son diaphragme des profondeurs de ses entrailles, pour émettre la vibration la plus stable et la plus apaisante. Des lamas tibétains l'auraient sans doute trouvée bien superficielle et encore captive de trop nombreuses résistances. Pourtant elle emplissait la nef de sa sonorité, montait jusqu'à la charpente de bois et faisait résonner sa coque de vaisseau renversé.

Sur fond de murmure, une voix s'élève :

La ténèbre n'est point ténèbre devant toi
Et la nuit comme le jour illumine.

Ainsi s'achève l'office des complies : la journée est accomplie. Ce verset du psaume 138 marque la fin de la journée et en appelle à la transfiguration de la nuit. Tout n'est plus dans l'abbaye que paix et silence.

En sortant de l'abbatiale par la porte latérale qui donne sur les ruines du cloître, je distingue cependant la silhouette un peu épaisse d'un homme qui se dirige vers moi. Il devait avoir attendu la fin de l'office.

— J'aimerais vous parler, me dit-il.

Son expression ne m'est pas totalement inconnue, mais je suis incapable de lui associer un souvenir précis. Mon regard croise tant de visages depuis que les foules accourent à Boquen, et je m'efforce d'être attentif à tant d'histoires personnelles !

Nous passons devant ce qui reste des arcades de la salle du chapitre. Les pierres tombales des abbés, des chevaliers et de leurs dames sont à peine visibles dans la pénombre de la nuit tombante. Nous atteignons le corps de bâtiment parallèle à l'église et j'introduis le visiteur dans la pièce aménagée pour me servir à la fois de chambre et de bureau. Les rayonnages de bois clair et les livres qui recouvrent un pan entier de mur atténuent quelque peu l'austérité du lieu.

— Vous vous souvenez peut-être de moi. Je suis venu vous voir il y a quelques années. J'étais porteur d'un message du cardinal de Sydney. Il aurait aimé que vous implantiez en Australie la vie monastique, telle que vous la concevez.

Maintenant je me souviens en effet.

— J'ai beaucoup hésité à venir vous trouver. Ma femme s'est efforcée de m'en dissuader. Elle craint pour moi des représailles. Mais le souvenir de notre première rencontre, l'estime que vous m'inspirez, tout me pousse à venir vous dire ce que je sais.

Je sens mon interlocuteur embarrassé et son malaise me gagne peu à peu.

— Revenu récemment d'Australie, j'ai été invité dans un château de la région de Guingamp à une rencontre secrète qui réunissait quelques chrétiens intégristes autour d'aristocrates bretons. Ils sont ulcérés par tout ce qui se passe dans l'Église depuis le concile Vatican II. Mais qu'un monastère devienne le bateau-pilote des nouveaux courants, le lieu symbole du prétendu renouveau, le fer de lance de toutes les subversions, alors qu'il devrait être un bastion du conservatisme et de la tradition, leur est totalement insupportable. Qu'en plus, il s'agisse de Boquen, cette abbaye qu'ils ont contribué à reconstruire de leurs deniers, porte leur colère à son comble !

La faiblesse de Rome et des évêques à votre égard les exaspère. Ils vous ont bien démis de toutes vos fonctions et éloigné de l'abbaye il y a deux ans, mais vous êtes revenu. N'avez-vous pas annoncé par un document distribué hier matin que vous avez l'intention de reprendre la parole, publiquement, ici même, dans l'abbatiale, le 20 août prochain ? C'est la fête de saint Bernard bien sûr, mais c'est surtout le deuxième anniversaire de votre conférence qui a mis le feu aux poudres en 1969. Ils sont à l'affût de tout ce qui sort d'ici. Et cette dernière annonce est pour eux une ultime provocation. Une de trop. Ils ont réagi le jour même.

Mon interlocuteur se tait. Il hésite à poursuivre. Je l'encourage du regard.

— Ils se sont constitués en tribunal, me dit-il. Ils s'appellent eux-mêmes la *Sainte Inquisition*. Tout un programme !

Le nom m'est bien sûr connu. En effet, sur tous les chemins d'accès à l'abbaye, des slogans inscrits à la peinture blanche sur le bitume des routes ou le pignon des maisons et accompagnés du dessin d'un œil grand ouvert, parfois d'un trident, proclament depuis des mois :

Besret = Satan
Boquen = Bordel
La Sainte Inquisition veille.

La nuit, des mains vengeresses s'introduisent dans la librairie de l'abbaye pour déchirer mes livres les plus récents : *Libération de l'homme*, *Clefs pour une nouvelle Église*, dont les titres, à eux seuls, sont aussi tout un programme !

Je me savais l'objet de hargne. Mes conférences étaient souvent chahutées. Dans le grand amphithéâtre de la Mutualité, à Paris, il m'avait été impossible de prendre la parole à l'occasion d'une table ronde sur l'avenir de l'Église. Dès ma première phrase, des briquets s'étaient allumés en plusieurs endroits, donnant le signal des hostilités et la grande salle avait été investie par des hommes avançant vers l'estrade, armés de matraques et de bombes lacrymogènes. Je ne dus qu'à la présence fortuite d'une compagnie de gardes républicains (présents pour parer à des difficultés éventuellement provoquées par une réunion politique qui se tenait dans une autre salle) de pouvoir quitter la Mutualité et de disparaître dans les rues de Paris.

Un autre jour encore, de nouveau à Paris mais dans un lieu moins public (des parents d'élèves m'avaient invité à parler dans un lycée), c'est un joueur de rugby qui m'avait frayé la sortie. Les armes à la main, les opposants à mon discours s'étaient agenouillés sur l'estrade d'où je devais parler pour chanter en latin un *Salve, Regina* de victoire.

Dans le courrier d'*Ouest-France*, l'un d'entre eux, fervent chrétien sans aucun doute, avait écrit à mon sujet : « Puisqu'on ne peut pas le brûler, qu'on brûle au moins ses livres ! » J'étais donc prévenu.

Cette guerre sourde durait déjà depuis plusieurs années. La suspicion pesait sur moi, avant même que Dom Alexis, abbé et fondateur de Boquen, âgé alors de quatre-vingt-un ans et paralysé à la suite d'une congestion cérébrale, ne me rappelle de Rome pour devenir son successeur.

C'était l'époque du concile Vatican II. Un vent de liberté soufflait sur Rome et l'on savait que, tout jeune docteur en théologie, j'y avais joué un certain rôle comme conseiller d'évêques belges et français, en particulier pour la rédaction du texte sur le renouveau de la vie religieuse. Titre de noblesse pour les uns, ce fait à lui seul me rendait suspect de modernisme pour les autres. Par l'âge, cinquante-deux ans me séparaient de Dom Alexis. Entre nous, une ou deux générations intermédiaires avaient de toute évidence manqué, et ses amis ne me voyaient pas sans crainte m'acheminer vers sa succession. Je représentais pour eux un saut dans l'inconnu et leur offrais trop peu de garanties pour la continuité de l'œuvre entreprise.

Comme la plupart des abbayes françaises, celle de Boquen, fondée au XIIe siècle, avait d'abord connu une ferveur qui s'était peu à peu transformée en grandeur, y compris sur le plan économique : « Partout où le vent vente, Boquen a rente », proclamait un dicton populaire à la fin du Moyen Âge. Cependant, avec l'usure des siècles et surtout avec la pratique qui permettait au roi, en nommant des abbés commanditaires, de distribuer les abbayes à ses courtisans comme autant de *bénéfices,* elle avait subi une inéluctable décadence, pour être enfin abandonnée lors de la Révolution française, dans des circonstances que la légende colportée dans les milieux catholiques voulait scabreuses. Le dernier prieur s'étant porté acquéreur des bâtiments lors de la vente des biens de l'Église avait, disait-on, convolé avec une dame religieuse de Dinan. Alors qu'il fêtait avec des amis cette ère nouvelle de sa vie, son cheval l'aurait désarçonné et piétiné à mort.

L'abbaye, ballottée au gré des héritages et des ventes, était alors devenue une simple ferme et une carrière de pierres taillées où il était facile aux paysans des environs de venir s'approvisionner. Ce n'est qu'en 1936, près de cent cinquante ans plus tard, que Dom Alexis Presse, abbé trappiste de Tamié, contraint dans des circonstances difficiles de quitter son monastère, entreprit avec une poignée de moines la geste héroïque et romantique de la ressusciter de ses ruines tout en y faisant revivre, dans sa pureté originelle, l'antique *Règle des moines* du VIe siècle que l'on attribue à saint Benoît de Nurcie.

Devenu très jeune son successeur, j'avais, à tort ou à raison, tenté une transmutation de la communauté qui m'était ainsi confiée. De laboratoire du passé, j'avais voulu en faire un laboratoire de l'avenir, sorte d'athanor d'où l'Église, alourdie par des siècles de compromissions, devait sortir rajeunie et revigorée par l'opération de l'esprit de ses origines. Autant dire que j'étais un coureur d'utopie, mais l'utopie, en ces années 60, exerçait une grande force d'attraction. Nombreux étaient ceux, chrétiens ou non, qui venaient à Boquen retremper leur espérance comme dans une fontaine de jouvence.

Les choses étaient devenues sérieuses après Mai 68, parce qu'elles avaient pris alors une dimension politique et que, dans l'Église, ce sont souvent des raisons plus politiques que spirituelles qui entraînent le durcissement des conflits.

Après le reflux de juin 1968, les étudiants voyaient les portes se fermer devant eux, les unes après les autres. Sollicité pour accueillir l'une des quatre universités populaires qu'ils avaient décidé de tenir pendant l'été, il m'avait paru naturel d'acquiescer à leur demande.

Ma première réforme, comme prieur de l'abbaye, avait été en effet de supprimer les clés du monastère. Jusqu'alors, tous les soirs, au coucher du soleil, un frère faisait le tour du monastère avec son encombrant trousseau pour en fermer toutes les issues et, au milieu de la nuit, avant le chant des matines, il passait à nouveau pour les ouvrir. Geste purement symbolique mais qu'il était tout aussi symbolique de supprimer car je voulais faire évoluer le monastère du mode de la clôture vers celui de l'ouverture.

Ouvert à tous, je ne voyais pas pourquoi il eût été fermé aux étudiants, même suspectés d'agitation politique. L'université d'été eut donc lieu à Boquen.

Je reçus les reproches de la préfecture de Saint-Brieuc qui se serait bien dispensée d'avoir à gérer cette retombée de Mai 68. J'appris par la suite que les Renseignements généraux avaient infiltré un de leurs correspondants parmi les hôtes de l'abbaye. Pour une société à peine remise de ses frissons du printemps, cette université d'été constituait un crime de lèse-sécurité.

A partir de cet épisode, j'étais devenu pour les bien-pensants de la région « le moine rouge », « le moine révolutionnaire », « le moine maoïste ». Maoïste ? J'aurais été bien en peine de l'être, car mes études romaines n'avaient guère développé ma culture politique, et il m'aurait été bien difficile de disserter sur le sujet. A vrai dire, j'étais plus attentif au souffle de l'esprit, dont on ne sait ni d'où il vient ni où il va, que prêt à céder aux tentations d'un embrigadement, d'où qu'il vînt.

A la suite de cet épisode, j'avais appris que des personnalités françaises s'étaient rendues à Rome pour dénoncer ma manière de gouverner le monastère. Elles réclamaient ma démission et espéraient, si possible, obtenir de plus lourdes sanctions. L'étau se resserrait peu à peu. J'eus alors le sentiment d'être pris dans une course de vitesse. J'aurais pu choisir d'attendre passivement la sanction dans une sorte de mystique de l'obéissance. Je décidai au contraire de m'expliquer publiquement.

Le 20 août 1969, j'invitai donc le ban et l'arrière-ban de l'Église locale : vicaires généraux, archidiacres, supérieures de congrégations religieuses, curés et amis de toute la région, à venir célébrer la fête de saint Bernard, le plus connu certes, mais aussi le plus contestataire de tous les moines cisterciens. Mon invitation semblait avoir rencontré une attente car, en fin de matinée, l'abbatiale était remplie. Nous avions disposé une table et une chaise à l'entrée du chœur, ce qui me permettait, pour m'adresser à l'assemblée, de dominer la nef de quelques marches.

Sous le titre en apparence inoffensif de *Boquen, hier, aujourd'hui et demain*, j'avais élaboré quelques réflexions sur ce que pourrait être l'avenir de l'Église.

Après une mise en garde préliminaire : « accepter les exigences de la vérité sur un point précis, c'est mettre le doigt dans l'engrenage et risquer d'y passer tout entier », je poursuivais en présentant l'Église, non comme une institution hiérarchiquement constituée mais comme la communion de tous ceux qui partagent le même esprit, et j'interprétais le salut, non comme la récompense de la vertu mais comme un appel à la libération de l'homme. « Libération des structures dans lesquelles nous sommes sclérosés, libération des mythes qui encombrent nos vies, libération des formes du sacré dans lesquelles notre foi ne cesse de se dégrader... »

Plus j'avançais dans mon discours et plus le silence se faisait immobile. On se serait cru dans un cirque au moment du saut périlleux. « Libération et respect de l'autonomie des différents domaines de la vie... »

J'avançais comme un funambule. Je sentais le

vide se creuser sous moi, autour de moi. Au fur et à mesure que je les proférais, je prenais conscience de la force provocante de mes paroles. Je créais de l'irréversible.

« Lorsque Dieu entre dans nos équations, toutes nos phrases explosent, car nos idées et nos mots ne peuvent le contenir. Quand Dieu entre dans nos analogies, la différence l'emporte à tel point sur la ressemblance qu'il ne reste souvent pas grand-chose de notre affirmation. Être marié avec Dieu, pour qui y regarde de près, c'est en fait n'être pas marié du tout. » Et je proposais alors, dans cette logique, l'instauration d'une « année sabbatique » au cours de laquelle tous les hommes et toutes les femmes d'Église pourraient remettre leurs vœux et leurs engagements en question.

Je me sentais habité par le verbe et poussé à aller jusqu'au bout de ma pensée.

Ai-je eu tort ou raison de jouer alors de la force de la parole ? Aurais-je dû me contenter de forger mon action à l'incandescence de la vie intérieure ? Que seraient devenues mon histoire et celle de Boquen si j'avais fait un autre choix ? Ces questions resteront sans réponse. On ne refait pas l'histoire.

A la fin de ma conférence, tout le monde se retira en silence, comme effrayé d'avoir participé à cette sorte de défi lancé à la face de l'Église.

Pour ma part, je me retrouvais entouré du cercle restreint des frères de la communauté et de quelques amis proches. Quel écho allaient désormaient recevoir mes prises de position ? La presse régionale en parlerait bien sûr, mais la presse parisienne relèverait-elle les propos d'un jeune moine inconnu, tenus dans une abbaye en ruine, au fin fond de la Bretagne ?

Ce qui était sûr, c'est qu'ils seraient rapportés à Rome et que l'appareil allait bientôt faire jouer sa puissante machine disciplinaire pour me faire taire. Aurais-je alors un soutien populaire suffisant pour ne pas voir complètement disparaître le débat que je désirais ouvrir publiquement ? Désormais les dés étaient jetés.

La suite ne devait pas se faire attendre. Dès le 10 octobre, l'abbé général de l'ordre cistercien, de Rome et à la demande du Vatican, me démettait de mes fonctions de prieur. Il me demandait de quitter l'abbaye et même de quitter la France. Alertés par un entrefilet paru dans *Le Monde*, la presse et les médias s'intéressèrent à ce conflit en apparence marginal et, après quelques hésitations, prirent fait et cause en ma faveur, m'offrant une tribune nationale puis internationale pour soutenir mes positions. Une partie s'engageait publiquement avec l'Église hiérarchique. Elle n'avait rien d'un conflit de personnes. C'était un conflit de consciences.

Une autre partie, à laquelle je m'efforçais de ne pas accorder trop d'importance, se jouait parallèlement avec des forces plus rétrogrades. Elle me faisait vivre dans un climat de violence très étranger à mon tempérament. Mais, dans ma logique, cette violence me semblait être une contrepartie inéluctable au rôle dont je me croyais investi, de héraut d'une conscience renouvelée de l'esprit évangélique. « Nul n'est prophète en son pays », dit la sagesse populaire et je connaissais suffisamment l'histoire de l'Église pour savoir que tout rappel vigoureux des principes fondateurs se heurte à de farouches résistances.

Aussi longtemps que ces violences ne m'atteignaient pas physiquement, aussi longtemps qu'elles restaient symboliques (d'un symbolisme à vrai dire déjà bien musclé), elles me semblaient faire partie du jeu et je m'efforçais de garder calme et sérénité. Du moins face au public et, dans la mesure du possible, face à mes amis. Mais au fond de moi-même, elles m'atteignaient plus que je ne le laissais paraître parce qu'elles me mettaient en question au niveau de mon identité même. D'une certaine façon, et je l'avoue non sans trouble, elles me minaient de l'intérieur et me rendaient malade.

En écoutant mon étrange visiteur du soir, je sens l'angoisse monter en moi. Je devine ce qu'il vient m'annoncer. Je pressens le pire. Je voudrais ne ressentir que la paix des profondeurs, la sereine certitude de n'avoir pas à dévier de ma route, pas même d'un degré. Je voudrais n'être que force intérieure, et je me sens habité de faiblesse.

— Ils ont décidé de vous supprimer, poursuit-il. Avant le 20 août prochain. Pour vous empêcher à tout prix de donner cette nouvelle conférence. Ils m'ont contacté pour exécuter le contrat. Ils ignoraient que je vous connaissais. J'ai refusé, et toute la journée j'ai hésité sur la conduite à suivre. J'ai finalement choisi de venir vous prévenir.

Je n'entends plus ses paroles. Le monde bascule

sous mes pieds. C'est l'heure de l'épreuve décisive. Nullement avec les intégristes de la Sainte Inquisition, mais au plus profond de moi-même.

Je n'interroge mon visiteur ni sur l'identité de ceux qui complotent contre moi, ni sur le lieu habituel de leurs rencontres, ni sur la possibilité de rester en contact avec lui pour en savoir éventuellement davantage. Je ne suis déjà plus présent à notre entretien. Je suis happé par la tornade de l'interrogation intérieure.

A quelques reprises j'ai déjà eu l'occasion d'affronter de façon accidentelle un danger de mort et je me suis comporté plutôt avec sang-froid. Mais face à cette menace qui ne surgit pas de la fatalité mais est intrinsèquement liée à mes propres choix, à ma parole comme à mon action, je suis, plus qu'à la question de la mort, affronté à celle du sens de ma vie.

Les faux-fuyants ne sont plus de mise. Le divertissement n'a plus aucune emprise. Les questions de fond ne peuvent plus être renvoyées au lendemain. Elles sont là qui me taraudent et exigent une réponse. L'état d'urgence est décrété.

Le combat que je mène dans l'Église vaut-il que je lui sacrifie ma vie ?...

Où en suis-je vraiment de mes convictions personnelles ?...

Pour lesquelles suis-je prêt à mourir ?...

Existe-t-il une cause dont j'accepterais d'être le martyr ? Celle de Dieu, celle de l'Évangile, celle de l'Église ?...

Je suis criblé de points d'interrogation. Chacun inocule en moi le venin du doute qui s'insinue à travers la moindre de mes veinules attaquant, tel un virus, les convictions apparemment les plus ancrées, les certitudes que je croyais les mieux établies, les défenses que je pensais inexpugnables.

Quand la vie est mise en jeu, la foi et la parole qui l'expriment ne sont plus des jeux.

Que reste-t-il de tout ce qui alimentait jusqu'alors mon action et mon discours ? Quel est le moteur premier de mon existence ? Le fondement ultime de mes choix ? La remise en cause est radicale. Mon regard se brouille. Je me retrouve dans une nébuleuse qui m'entoure de toutes parts. Je ne sais plus où se trouvent ni le haut ni le bas, ni l'avant ni l'arrière. Tous mes repères ont disparu.

Il me faudra des mois, des années, pour m'y retrouver et retomber sur mes pieds.

Sur la terre comme au ciel

Ce qui est en haut est comme ce qui est en bas.
Ce qui est en bas est comme ce qui est en haut.

(axiome hermétique)

L'ATTENTAT n'eut pas lieu.

« Faites savoir que vous savez », m'avait conseillé André-Louis Dubois, ancien préfet de police de Paris, que je comptais parmi mes amis. « C'est la meilleure façon de désamorcer ce genre de complot. »

Un an, deux ans, trois ans, j'ai continué, comme si rien ne s'était passé, à tenir mon rôle de leader d'un mouvement de renouveau de la communion ecclésiale, mais le cœur et le charisme n'y étaient plus. Un certain Bernard avait cessé de vivre.

Il me fallut en ensevelir le deuil si profondément en moi-même que je n'en pris pas alors une conscience claire. Je vivais en permanence dans une sorte de malheur intérieur et ne pouvais que constater ma propension irrésistible à fuir. Fuir les responsabilités d'Église, même contestataires, fuir tous les groupes qui risquaient de faire appel à moi comme à un guide, fuir toutes les situations où je risquais d'avoir à engager ma vie dans un combat ou ma parole dans un débat. Fuir toujours plus à l'écart, toujours plus seul, toujours plus loin, jusqu'à atteindre un jour... le Mexique. Le Mexique où, grâce à des amis qui avaient perçu ma détresse, j'entrepris avec un sorcier aztèque, un *brujo*, une sorte de travail sur moi-même que nos sociologues appellent, avec une certaine commisération, une « thérapie pour les pauvres ».

Don Lucio habitait au pied du mont Popocateptel un village pratiquement inaccessible par les transports en commun. Sa maison en pisé ne se distinguait en rien des autres. Des poules picoraient devant l'entrée et la pièce principale, au sol de terre battue, offrait le même contraste que les maisons voisines entre une extrême rusticité et la présence de quelques équipements qui clamaient la modernité.

Par une porte basse, on pénétrait dans une pièce plus petite transformée en sanctuaire. Un autel était dressé, recouvert d'une multitude d'objets hétéroclites, allant d'une médaille du pape et d'un chapelet à des peaux de serpent et toutes sortes d'amulettes dont le sens m'échappait. Nous étions, à n'en pas douter, dans le temple minuscule d'un syncrétisme de pacotille, mais je décidai de faire taire la critique que formulait en moi le professionnel de la théologie.

Dès notre première rencontre, au cours d'un rituel qui tenait de l'exorcisme et de la divination, Don Lucio me dit dans un espagnol que je réussis tout juste à comprendre :

— Je vois dans votre passé des hommes qui en

veulent à votre vie. Ils ont voulu vous tuer. Ils y sont parvenus. Vous êtes mort.

Cette affirmation fait sans doute partie de son arsenal de *brujo*. Je le sais, mais peu m'importe. Elle pénètre en moi avec force. Au lieu de m'effrayer, elle m'éclaire et me libère. Don Lucio dit tout haut ce que je ressens confusément depuis dix ans sans jamais oser me l'avouer explicitement. Oui, c'est bien cela, cette vie à côté de moi-même, cet abîme sans fond dans lequel se perd tout ce qui, jusqu'ici, donnait goût à ma vie, cette incapacité à prendre parti qui confine à la paralysie, c'est bien d'une forme de mort qu'il s'agit.

L'épisode de l'attentat déjoué remonte alors à ma conscience comme une photographie que l'on sort du révélateur, me faisant revivre des souvenirs que, pendant tant d'années, j'avais inconsciemment refoulés, désireux que j'étais d'oublier cette sorte de lâcheté subjectivement ressentie face au danger du martyre.

Peu importent les faits : ce qu'ils ont été, ce qu'ils auraient pu être. Ce qui reste, c'est ma réalité intérieure, c'est que je dois vivre avec cette image de moi-même, difficile à supporter, de martyr manqué. Je comprends alors mieux l'impression que j'ai eue, au cours de ces dix ans, de n'être plus que l'ombre de moi-même. Non pas un *has been*, quelqu'un qui a été et se glorifie de son passé, mais bien plutôt un *has not been*, quelqu'un qui a manqué d'être et qui préfère oublier le passé.

La rencontre de Don Lucio, qui s'est jouée sous le mode initiatique d'une mort et d'une résurrection, n'a pas seulement marqué pour moi le début d'une prise de conscience, mais aussi celui d'une remontée des eaux profondes dans lesquelles j'étais abîmé.

Blessé au cœur même de mon identité, je m'étais peu à peu retiré de la vie de Boquen, ou plutôt, la vie de cette communion à laquelle j'avais tant donné s'est peu à peu retirée de moi, telle une marée, me laissant sur le rivage d'un univers qui m'était mal connu.

Je me suis alors retrouvé hors de ma communauté, hors de l'Église : moine, prêtre, devenu non pratiquant, dégagé de toute institution. Dépouillé de ce qui, au cours des vingt années précédentes, m'avait défini à moi-même comme aux yeux de la société. Je n'étais plus Dom Bernard Besret. Je n'étais plus le prieur de Boquen. Je n'étais plus même chrétien, au sens institutionnel du terme. Je n'étais pas non plus devenu bouddhiste, hindouiste ou musulman. Je ne me reconnaissais plus d'appartenance et me sentais rétif à toute étiquette.

Étais-je pour autant redevenu le Jean-Claude de mon enfance, celui qui s'était présenté à dix-huit ans aux portes du monastère et était « re-né » lors de la prise d'habit, sous le nom emblématique de Bernard ? On ne consacre pas impunément vingt et un ans de sa vie à la recherche de l'Inaccessible, ainsi qu'à la poursuite de l'utopie d'un monde plus fraternel, sans que cela ne laisse de traces profondes.

Je vivais le monde à l'envers. Au lieu de le quitter après en avoir épuisé les charmes, je revenais à lui après des années de retraite et de quête de l'Absolu. Un vrai tohu-bohu.

Don Lucio, à travers la symbolique de ses rites et la force de sa présence, me donna la première impulsion pour en sortir.

De retour en France, je trouvai l'énergie pour me dégager peu à peu de la marginalité dans laquelle je risquais de m'enfoncer. J'avais connu l'amère liberté de celui qui, n'étant attendu nulle part ni par personne, peut partir n'importe où, si du moins il lui reste quelques dollars en poche. J'acceptai désormais de me laisser reprendre dans les rets de relations affectives stables, d'obligations prosaïquement domestiques et d'engagements professionnels. Je décidai de reconstituer progressivement le tissu relationnel sans lequel une vie sociale n'est pas possible.

De vagabond solitaire, je redevins peu à peu citoyen à part entière.

Mais je ne puis en rester là. Les questions posées dans la tourmente de la crise n'ont rien perdu de leur actualité. Je ne les ressens certes plus comme une brûlure. Elles ne sont plus questions de mort imminente, mais questions de vie qui perdure. Elles n'en sont pas moins essentielles pour moi et, sans doute, pour tout homme qui s'efforce d'entrer dans l'intelligence de sa vie.

Confesser sa vie, c'est, en tout premier lieu, s'affronter au mystère du temps. Mon regard sur le parcours accompli n'est pas le même à vingt ou à soixante ans, et ce parcours lui-même prend une signification différente selon les siècles et même les années au cours desquels il se déroule. Pour comprendre sa vie, il faut, dans toute la mesure du possible, entrer dans l'intelligence du temps, « chercher l'or du temps », comme disait André Breton. Subtile alchimie que celle qui fait émerger à la conscience le temps qu'il nous est donné de vivre.

Je suis né le 16 mars 1935. Au moment où j'écris ces lignes je viens donc de passer le cap des cinquante-six ans. Collé par la force gravitationnelle à la superficie de la planète Terre, j'ai déjà parcouru cinquante-six fois le tour du Soleil. Cela représente à soi seul cinquante-six fois 950 millions, soit plus de 53 milliards de kilomètres parcourus. Encore faudrait-il y ajouter, si j'avais la manie du chiffre juste, les 365 tours de la Terre sur elle-même que j'ai accompagnés chaque année depuis ma naissance, ce qui en fait déjà plus de vingt mille, sans compter le déplacement du système solaire dans notre galaxie et celui de cette dernière dans l'univers.

Si un voyage de quelques milliers de kilomètres à la surface de la terre est considéré à juste titre comme un exploit digne d'être relevé, je m'étonne du peu de cas qu'il est généralement fait de cet exploit cosmique que chacun de nous accomplit au fil des jours, des mois et des années, à bord du vaisseau spatial Terre sur lequel nous sommes embarqués.

L'âge ne se mesure pas seulement en temps réduit à l'accumulation de secondes anonymes et aseptiques, c'est-à-dire interchangeables, sans couleur, sans odeur et sans saveur. Il se mesure avant tout en espace parcouru à travers le cosmos.

A vrai dire, ce que nous appelons le temps n'est que notre manière de percevoir et de comptabiliser cette odyssée de l'espace. Il n'existe pas de temps quelconque, pas de temps indifférencié. Le temps que nous vivons est toujours qualifié par le déplacement cosmique dont il n'est qu'une dimension.

Le temps de ma vie sur terre, de ma naissance à ma mort, n'est que partiellement commun à celui de mes contemporains. Ceux qui sont nés avant moi ont parcouru des espaces intersidéraux que je ne connaîtrai jamais. Ceux qui sont nés après moi ne rattraperont jamais l'expérience de ce temps que j'ai vécu et qui s'est écoulé avant leur naissance, parce que la Terre ne passera plus jamais par là.

Le temps qu'il est donné à chacun d'entre nous de vivre est cosmologiquement singulier.

La société en prend acte, plus ou moins consciemment, en retenant notre date de naissance comme essentielle pour établir notre carte d'identité ou notre numéro de Sécurité sociale, parce que cette date spécifie le début du temps qu'il nous est donné de vivre sur terre. On ne saurait signifier plus clairement qu'à chacun appartient son temps.

Entrer dans l'intelligence de sa propre vie suppose donc avant tout d'entrer dans l'intelligence du temps.

La première expérience que nous en faisons est celle du cycle quotidien des jours et des nuits, cycle répétitif du lever et du coucher apparents du soleil. Entraînés par le mouvement de la Terre sur elle-même, nous sommes en effet alternativement exposés puis cachés aux rayonnements du soleil. Ainsi naissent les jours, mais jamais, de l'un à l'autre, ce cycle ne se répète à l'identique. Chaque matin, si nous étions attentifs au lever du soleil, nous pourrions être les témoins de son glissement furtif sur l'horizon, et du léger décalage horaire qu'il induit.

Dans le monde actuel, l'application tout au long de l'année d'horaires stéréotypés et l'usage quotidien de la lumière artificielle parviennent à gommer le caractère spécifique de ce cycle que seuls les messages de la Météorologie nationale se permettent de nous rappeler. Nous vivons sous le régime hégémonique des montres et des horloges qui ne connaissent que des secondes strictement égales entre elles.

L'Antiquité n'était pas soumise à un tel aplatissement du temps. Certes, le jour était déjà divisé en vingt-quatre heures, mais la durée de ces heures, à l'aune de nos montres, variait chaque jour et chaque nuit. Le jour était compté du lever au coucher effectifs du soleil et divisé en douze heures. Il en allait de même pour la nuit. Ces heures du jour et de la nuit n'étaient donc de même durée qu'à l'occasion de l'équinoxe. Une fois celui-ci passé, plus on avançait vers l'été et plus les heures du jour devenaient longues, et courtes celles de la nuit. Inversement, plus on allait vers l'hiver, plus les heures du jour se faisaient courtes, et longues celles de la nuit, l'écart maximum entre les unes et les autres étant atteint aux solstices.

La liturgie de l'Église romaine a gardé la trace de ces horaires variables. Elle célèbre tierce, sexte, none, c'est-à-dire la troisième, la sixième, la neuvième heure du jour, et j'ai eu le privilège, jeune moine de Boquen, de vivre quelques années en respectant ce rythme solaire inscrit dans la *Règle des moines,* que Dom Alexis avait remise en vigueur en la respectant à la lettre.

Nous abandonnions nos montres le jour de notre entrée au monastère. Seule la cloche nous appelait pour la célébration des offices et leur heure se déplaçait légèrement de jour en jour pour suivre le soleil. Expérience parfaitement anachronique dans le monde contemporain, mais combien pédagogique pour s'initier à la nature cosmologique du temps ! Nous chantions laudes à l'aube et vêpres au coucher du soleil. Toute notre vie, de prime en tierce et de sexte en none, était ainsi rythmée sur la progression du soleil.

Le cycle quotidien est donc à la fois répétitif et différencié. Chaque jour, il est spécifié par la position qu'occupe la Terre par rapport au Soleil. « Les jours se suivent mais ne se ressemblent pas. » Cet adage ne vaut pas seulement pour le climat psychologique des événements que nous vivons : il est ancré plus profondément dans la nature même du temps.

Il en va de même des années. Quand nous célébrons un anniversaire, nous fêtons en fait le passage de la Terre sur un point de son orbite qui fait apparaître le soleil au même endroit du ciel (à

1/72e de degré près) que l'année précédente. Cela veut dire que la Terre, le Soleil et les étoiles dites fixes sont dans le même alignement. C'est donc un événement cosmique, et nous semblons lui accorder une certaine attention, puisque nous le fêtons. Nous célébrons ainsi la fin d'un cycle annuel et le commencement du suivant. Ce qui nous ramène à la notion de cycle.

C'est sans doute l'observation de la lune qui a fourni à l'homme le modèle de la structuration et du développement d'un cycle du temps. La nouvelle lune en marque le début. Tout y est virtuel, inchoatif. Rien n'en paraît dans la nuit. C'est nuit noire.

Dans les jours qui suivent, un croissant à peine perceptible apparaît timidement au coucher du soleil. Il prend alors consistance de nuit en nuit : nous sommes dans la phase ascendante du cycle.

Au septième jour, nous atteignons ce que le langage courant appelle avec raison le quart de lune (parce que nous sommes parvenus au premier quart de son cycle) mais qui se manifeste en fait dans le ciel nocturne par une demi-lune parfaite. La partie éclairée équilibre un court moment celle qui reste dans l'ombre. La lutte que se livrent symboliquement la lumière et les ténèbres atteint en ce moment précis son stade d'indécision. Lequel des deux va l'emporter ? Nous sommes en situation de crise.

Mais le mouvement se poursuit inexorablement et comme nous sommes dans la phase ascendante, c'est la lumière qui l'emporte. Soir après soir la lune, devenue « gibbeuse », grossit de la pleine lune dont elle accouche lorsque le cycle est à son apogée. En ce moment précis, elle manifeste aux Terriens le maximum de ses virtualités. C'est la loi du devenir cyclique.

Mais à peine cette épiphanie est-elle accomplie que le cycle se poursuit. La lune commence alors à se replier sur elle-même, passant de nouveau par un moment d'équilibre précaire lors de son troisième quart, pour fondre peu à peu, réduisant sa visibilité mais renforçant son mystère, jusqu'au moment qui marque, par sa disparition complète, la fin d'un cycle et le début d'un autre. C'est le retour de la nouvelle lune.

Tel est le modèle des cycles temporels que nous vivons. Cycles des jours et des nuits, cycles des lunaisons, cycles des années, avec leur démarrage en douceur, leurs moments de tension, leur apogée et leur retour à la case départ, mais à une case départ décalée dans l'espace et le temps.

Avec l'oscillation du quartz nous avons atteint la perfection dans la quantification du temps qui passe, mais la trotteuse de nos montres ne connaît que la répétition. Elle ne sait qu'égrener des secondes toutes égales à elles-mêmes. Quant à la grande et à la petite aiguille, elles se mettent à deux pour nous donner une seule indication cosmique, à savoir où en est la Terre dans son mouvement sur elle-même, par rapport au Soleil.

Les anciens n'avaient pas de montres à quartz pour leur dire l'heure qu'il était, mais ils savaient par contre consulter le ciel, véritable horloge céleste. Dans ce firmament qui semble pivoter autour de l'étoile Polaire en maintenant des rapports fixes entre les étoiles visibles, ils avaient repéré sept astres qui, chacun à sa manière propre, se déplaçaient sur ce fond tournant mais inamovible dans sa structure : le Soleil et la Lune bien sûr dont les mouvements sont les plus apparents, mais aussi cinq autres corps lumineux qui semblaient, chacun à son rythme, se promener dans le ciel. C'est pourquoi on les appela des « planètes », c'est-à-dire des baladeuses, des promeneuses. (Depuis, nous avons repris la même racine pour créer les mots qui désignent nos « planeurs » et autres « aéroplanes ».)

Ces planètes, repérables à l'œil nu pour un observateur attentif, sont au nombre de cinq : Mercure, Vénus, Mars, Jupiter et Saturne. Chacune met un temps spécifique pour accomplir, sur son orbite, un tour complet du Soleil. Mercure met 88 jours, Vénus 224, alors que Mars a besoin de près de 2 ans. Jupiter prend environ 12 ans pour faire son tour et Saturne presque 29 ans et demi.

Pour les anciens, le Soleil, la Lune et les cinq planètes qu'ils avaient repérées étaient autant d'aiguilles qui se déplaçaient sur le fond du ciel, chacune à sa vitesse propre, et chacune, à la différence des aiguilles de nos horloges, avait sa signification cosmologique particulière. Je ne suis pas suffisamment mathématicien pour en apporter ici la preuve, mais je pense qu'il faudrait attendre des millions, voire des milliards d'années avant qu'une configuration donnée de ces sept variables ne se reproduise à l'identique. Cet argument est mathématiquement renforcé, si l'on ajoute les trois variables à rythme beaucoup plus lent que sont les planètes découvertes depuis la fin du XVIIIe siècle : Uranus, Neptune et Pluton, qui mettent respectivement environ 84, 165 et 248 ans à parcourir leurs orbites.

C'est dire que le temps qu'indiquent les sept aiguilles visibles dans le ciel est totalement individué. Aucun des instants qu'elles qualifient n'est susceptible de se répéter à l'échelle de l'histoire humaine. Quand elles nous disent l'heure qu'il est, elles fournissent une telle somme d'informations sur l'état du système solaire qu'elles atteignent une précision inégalée. C'est pourquoi les anciens leur ont apporté une telle attention. Elles étaient leurs guides pour entrer dans l'intelligence du temps.

Mercure et Vénus sont plus proches du Soleil que la Terre. De notre point de vue, cela veut dire concrètement qu'elles apparaissent toujours dans la banlieue du Soleil, soit qu'elles se couchent un peu après lui, aux premières heures de la nuit, soit qu'elles se lèvent un peu avant lui, alors que pointe le jour. Elles sont comme deux petits chiens qu'un promeneur tient en laisse. Ils courent parfois devant, parfois derrière lui, chacun selon son rythme, mais ils ne s'en éloignent jamais. La laisse de Mercure est plus courte que celle de Vénus, et son rythme plus rapide. Mais, vues de la Terre, ni l'une ni l'autre ne créent pour l'homme de véritables cycles. Elles ne font qu'interpréter une variation sur le cycle du Soleil.

Il en va tout autrement avec les trois autres

planètes qui sont plus éloignées du Soleil que la Terre. Le temps qu'elles mettent à en faire le tour ne se compte plus en jours, mais en années et chacune crée ainsi son propre cycle.

En ce qui me concerne, si j'évalue ma vie en cycles solaires j'ai bien cinquante-six ans, mais si, par exemple, je l'évalue en cycles de Saturne, je n'achèverai ma deuxième année saturnienne qu'en 1994.

Il peut être intéressant pour chacun d'entre nous de regarder concrètement, dans son histoire personnelle, à quoi un tel cycle a correspondu dans les faits. Je constate, pour ma part, que cette deuxième année saturnienne a commencé en 1965, année au cours de laquelle je suis devenu prieur de l'abbaye de Boquen, ce qui, aujourd'hui encore, reste l'élément le plus structurant de mon curriculum vitae. Son premier quart, en 1971, correspond à la menace d'attentat qui a fait basculer ma vie.

Ce cycle a atteint son apogée en 1978, date à laquelle, dans ma fuite éperdue, j'ai tenté de me protéger du passé en interposant l'océan Atlantique entre lui et moi.

A son troisième quart, en 1985, j'avais retrouvé une certaine identité sociale en me stabilisant sur le plan professionnel à la Cité des Sciences et de l'Industrie de La Villette.

Ce cycle va bientôt s'achever et la rédaction de ce *Confiteor*, qui est une sorte de règlement de comptes avec le temps, avec *Cronos* (cet autre nom de Saturne) est sans doute ma manière d'en tirer les leçons avant d'entamer un troisième cycle, d'autant plus décisif qu'il est peu probable que je puisse le mener jusqu'à son terme.

1994 sera donc pour moi le temps des commencements saturniens !

Je pourrais faire le même travail avec Jupiter, Uranus, Neptune ou Pluton et voir s'il est possible de discerner de façon signifiante les étapes des cycles qui se sont amorcés à l'instant de ma naissance. C'est ainsi, par un travail sur sa propre vie ou sur celle des êtres qui vous sont le plus proches, que se rend perceptible la nature cyclique de la vie.

Le passage du relevé astronomique d'un état du ciel aux événements qui lui sont concomitants dans nos vies est, d'une certaine façon, de l'ordre de l'histoire. Par contre, le passage du relevé astronomique à son interprétation symbolique marque l'exacte frontière épistémologique que nous traçons aujourd'hui entre l'astronomie, considérée comme science, et l'astrologie, qui ne peut prétendre au mieux à n'être qu'un art de l'interprétation. Frontière essentielle pour les savants d'aujourd'hui, mais dont, à vrai dire, les anciens (et pas plus éloignés dans le temps que Kepler ou Newton, pourtant fondateurs de la science moderne) ne se préoccupaient guère.

Notre vie quotidienne est encore marquée par la culture de ces époques au cours desquelles astronomie et astrologie n'étaient que le recto et le verso d'une même observation du réel.

Pourquoi notre civilisation a-t-elle adopté une semaine de sept jours ? Sans doute pour des raisons lunaires (sept jours étant le laps de temps nécessaire pour passer d'une phase de la lune à l'autre), mais aussi parce qu'on pouvait placer chaque jour sous le signe de l'un des sept astres mobiles repérés dans le ciel. Dimanche (*Sun*day en anglais) est en effet le jour du soleil, *lun*di celui de la lune, *mar*di celui de Mars, *mercre*di celui de Mercure, *jeu*di celui de Jupiter, *vendre*di celui de Vénus et *same*di (*Satur*day) celui de Saturne. Si nous avions alors connu Uranus, Neptune et Pluton, sans doute serions-nous au régime des semaines de dix jours !

Les planètes portent toutes des noms de divinités de la mythologie. Pourquoi ? Je l'ignore, du moins pour les cinq premières. Ce point mériterait d'être creusé car lui seul permettrait d'éclairer le glissement qui s'opère sous leur couvert de l'astronomie à l'astrologie. Les noms ici ne sont pas neutres.

Certes, le Soleil et la Lune portent en eux-mêmes la puissance de leur signification symbolique. Le premier est émetteur de lumière, la seconde ne fait que la refléter. Le premier est actif, la seconde passive. Le premier diurne, la seconde nocturne, et je pourrais poursuivre la litanie de ces polarités fondamentales qu'il est donné au Soleil et à la Lune d'évoquer et de symboliser.

Mais pour Mars et Vénus, dont les signes servent encore aujourd'hui à désigner l'homme et la femme, et qui évoquent l'un la guerre, l'autre l'érotisme, le premier l'agressivité, la seconde la beauté, quelle correspondance peut-il bien exister entre ces planètes qui tournent dans le ciel et la signification symbolique des noms qui leur ont été donnés ?

De même pour Jupiter et Saturne, qui opposent une vision joviale de la vie à une vision exigeante et taciturne ? D'un côté la rigueur d'une colonne vertébrale, de l'autre la générosité d'un être bien en chair, ces deux dimensions devant se conjuguer harmonieusement pour donner un être humain à la fois charpenté et souriant. Quel rapport entretiennent ces significations mythologiques et caractérologiques avec les deux planètes que nos sondes spatiales nous permettent de mieux connaître aujourd'hui ?

Quant à Mercure, qui revêt l'étrange particularité de ne pas se présenter en couple, la tradition voit en lui le dieu du commerce et de la communication. Il est souvent identifié à Hermès, mais aussi, dans la tradition chrétienne, à l'archange Michel, le messager, comme en témoignent les nombreux lieux baptisés monts Mercure, Saint-Michel. Ici encore, d'où vient l'identification du dieu à la planète qui porte son nom ?

Je n'ai pas de réponse à ces questions, mais je ne suis pas de ceux qui les considèrent comme étant sans importance.

Tant que nous n'aurons pas percé ce mystère, l'astronomie considérera toujours l'astrologie comme une usurpatrice fondée essentiellement sur des jeux de mots ou, plus exactement, sur des jeux de noms. En attendant, les astrologues (je ne parle pas ici des marchands d'horoscopes mais de ceux qui sont en quête de l'intelligence du temps) seraient bien inspirés d'annoncer clairement qu'ils changent de registre épistémologique (c'est-à-dire qu'ils changent de type de démarche et donc de type de discours) lorsqu'ils passent des données de l'astronomie à leur interprétation sur le plan symbolique. Ils ne peuvent passer de l'un à l'autre qu'en opérant un véritable changement de vitesse qui ne signifie pas inéluctablement passage d'une science à une fausse science (comme le disent bon nombre de scientifiques), mais plutôt passage d'une science à un art, un art de l'interprétation symbolique.

Bien des malentendus seraient sans doute évités si cette précaution était prise et nous pourrions probablement faire l'économie de bien des anathèmes. Le fait qu'il y ait des savants (à la rigueur, soit dit en passant, toute saturnienne) n'interdit nullement qu'il y ait parmi nous des poètes (d'inspiration plus vénusienne) qui nous entraînent dans une autre vision de l'univers. L'un n'est pas en rivalité avec l'autre. Il s'agit de deux approches différentes du réel.

Il ne suffit toutefois pas de se dire astrologue, et d'en tirer éventuellement un revenu substantiel, pour être un interprète inspiré ! Bien plutôt faudrait-il être, en l'occurrence, un véritable spirituel !

Si l'on pose en effet, comme je le proposerai plus loin, le postulat d'une conscience qui perçoit l'univers dans la totalité de son déploiement spatial et temporel et que, pour des commodités de langage, on lui confère le nom de *Dieu*, l'espace et le temps ne sont alors pour lui que deux dimensions de cet univers qu'il perçoit, si j'ose dire, d'un seul coup d'œil, dans sa globalité.

S'il existe, le regard de Dieu sur le monde

entraîne la plus radicale de toutes les relativités. Dans cette hypothèse, tout instant du temps est en effet *coactuel* à la conscience extratemporelle qu'il a du monde. L'instant où j'écris ces lignes comme celui où elles seront lues. Du point de vue de Dieu, qui n'est pas celui de notre conscience temporelle, successive et nécessairement éphémère, tout est donné, connu, contemplé d'entrée de jeu. Chaque instant est perçu dans sa cohérence totale avec tout ce qui le précède et tout ce qui le suit et, compte tenu de l'interdépendance universelle, rien ne peut exister dans cet instant autrement que de la manière dont il existe de fait.

Sinon, l'univers qui se donne à voir à Dieu de toute éternité s'en trouverait changé.

Raymond Abellio a synthétisé cette intuition en rappelant une formule qui porte sans doute en germe toute la sagesse du monde : « Ce qui est, est. » Carl Jung, de son côté, s'est efforcé de l'exprimer en forgeant le concept de *synchronicité :* tout ce qui se passe en un instant du temps porte la marque indélébile de cet instant. Si nous savions décrypter le sens du moindre événement, nous serions capables d'entrer dans l'intelligence de tout ce qui se passe au même instant. Car tout se tient.

Mais cette capacité à métamorphoser en transparence l'opacité du réel est en grande partie hors de portée de l'intelligence humaine. Seul Dieu, s'il existe, est capable de cette lecture ultime du réel.

Dans leur quête pour accéder à la vision que Dieu a du monde, les hommes ont retenu quelques indicateurs pour désigner l'instant et essayer ainsi d'en percer le secret. Plutôt que de les prendre sur terre, où les paramètres sont difficiles à identifier, ils les ont choisis dans le ciel et ont retenu à cet effet la position du Soleil, de la Lune et des planètes visibles, qui leur fournissaient des éléments à la fois de permanence et de changement.

C'est ainsi que naquirent d'un même mouvement l'astronomie, connaissance des planètes et de leurs cycles dans le ciel, et l'astrologie, qui n'était qu'un essai d'interprétation de ce qui, simultanément, se passe sur terre. « Ce qui est en bas est comme ce qui est en haut », dit la tradition hermétique, et Jésus, quand il enseigne à ses disciples à prier, leur fait répéter : « Que ta volonté soit faite sur la terre comme au ciel », c'est-à-dire : que tout se passe sur terre dans le respect du temps qui nous est donné à vivre et qu'indiquent les aiguilles planétaires dans le ciel.

En cherchant à savoir l'heure qu'il est, les anciens étaient en fait à la recherche du regard de Dieu sur le monde. Dieu seul peut donc, en toute honnêteté, se dire astrologue. Les hommes ne peuvent qu'aspirer à partager, dans la modeste mesure de leurs capacités, sa vision globale et instantanée du monde.

Nous sommes, est-il besoin de le souligner, à des distances astronomiques de l'astrologie commerciale !

Au cours de ces réflexions, je n'ai jamais eu recours au concept de causalité. Les aiguilles d'une montre ne sont pas la *cause* de l'heure qu'il est. Elles n'en sont que le signe. Il en va de même des planètes qui sont les aiguilles du cadran céleste.

Elles nous donnent l'heure, mais ce n'est pas une raison suffisante pour leur attribuer tous nos heurs et malheurs.

Cette méditation sur ma date de naissance m'a entraîné sur des chemins qui fleurent l'ésotérisme, chemins dangereux s'il en est, aujourd'hui comme hier et sans doute dans tous les temps. Sous son couvert l'humanité semble en effet avoir toujours charrié le meilleur et le pire comme l'a démontré avec une extrême érudition Umberto Eco dans *Le Pendule de Foucault*.

Par son étymologie, l'ésotérisme se réfère à l'acte de passer de l'extérieur à l'intérieur, de transiter du dehors au-dedans des choses, de pénétrer leur secret. Dès qu'il entrouvre la porte, il déclenche chez les uns des engouements et des phénomènes de mode qui dégénèrent rapidement en mascarade de spiritualité et en superstition. Par opposition, il provoque chez les autres une violente réaction de rejet qui les lance dans de véritables croisades, au nom de la rationalité blessée.

L'une et l'autre attitude me semblent dommageables à l'accomplissement de l'humanité. Elles peuvent, l'une comme l'autre, entraîner un rétrécissement du champ de la perception et de la conscience, et déboucher sur des formes d'intolérance qui, pour être opposées, n'en font pas pour autant avancer le débat ni progresser la connaissance.

Ce dont nous avons besoin au contraire c'est

d'apprendre à conjuguer ouverture d'esprit et esprit critique. Ouverture d'esprit d'autant plus large aux dimensions, même les plus déconcertantes, du réel que l'intelligence est plus vigilante et se refuse aux pièges et aux facilités de la crédulité.

Ce dont nous avons le plus grand besoin, c'est de discernement.

Le réel ultime

Les giroflées qui ont pris racine entre deux pierres du mur plaident pour l'existence de Dieu mieux qu'on ne le fait à Notre-Dame.

(F. MITTERRAND, *La Paille et le Grain*)

Si je participais à la perception que Dieu a de ma vie, je la verrais, du moins je l'imagine, dans sa globalité : de ma naissance à ma mort, sans qu'il lui manque le moindre instant, le moindre geste, la moindre parole, la moindre pensée, le moindre sentiment. Mais je n'en suis pas là. Je n'en connais pour le moment que les cinquante-six années écoulées. Encore n'en ai-je qu'une bien faible compréhension car tant d'événements en ont marqué le cours qui ne dépendaient nullement de moi, et dont je ne perçois pas vraiment le sens.

Pourquoi, par exemple, suis-je né avec des cheveux roux ? Cette particularité m'a donné, dès ma petite enfance, le sentiment d'appartenir à une sorte de caste d'êtres sans doute rares, mais indubitablement mis à part. Ou encore, pourquoi ai-je vu dès ma cinquième année mon père partir pour la guerre et n'en revenir qu'après une longue captivité, cinq ans plus tard ? Pourquoi, alors que je n'avais pas atteint mes quatorze ans, ai-je perdu ma mère sous l'effet conjugué de l'usure de la guerre et d'une médecine de campagne encore déficiente ?

J'abordai donc l'adolescence en être fragile, l'intelligence en alerte et la sensibilité à vif, avide de reconnaissance affective mais aussi de rigueur intellectuelle, réceptif à toutes les interrogations que les hommes se posent dès que leur conscience s'éveille à ce fait paradoxal qu'ils sont en vie.

Bien que breton, le catholicisme ambiant n'avait guère marqué mon esprit d'enfant. J'étais plutôt imprégné de la morale laïque qui régissait le petit milieu d'instituteurs dans lequel j'avais jusqu'alors évolué. Je n'étais pas culpabilisé par la morale du péché qu'on ne m'avait pas enseignée, mais plutôt par celle de la bonne et de la mauvaise conduite qui m'avait été inculquée. La différence peut paraître bien minime, mais elle est loin d'être sans effet sur la vision du monde qui s'imprime de façon durable dans une conscience encore malléable. L'image de Dieu ne s'y superpose pas à celle du père Fouettard.

Personne dans mon entourage immédiat n'était en mesure de répondre à mes interrogations sur le sens de la vie ou celui de la mort, ni même de guider ma recherche. Il me fallait la poursuivre en solitaire, essentiellement au gré de mes lectures. Livré à moi-même, ma liberté de choix ne connaissait que les limites imposées par les rayons de la bibliothèque municipale de Saint-Brieuc, ville où je poursuivais mes études secondaires comme pensionnaire du lycée.

C'est ainsi qu'à quatorze ans j'ai rencontré Aldous Huxley, à travers son roman *Point Counterpoint* traduit en français sous le titre de *Contrepoint.* Le vermillon de ses deux volumes reliés avait capté mon attention. A mes heures de loisir, je m'enfouissais avec délices dans les méandres romanesques de cette œuvre — que je trouve aujourd'hui un peu longue —, pour m'imprégner des professions de foi en l'homme que proclamait celui des héros qui était, à n'en pas douter, le porte-parole de l'auteur :

> « Être un homme complet, équilibré, c'est une entreprise difficile, mais c'est la seule qui nous soit proposée. Personne ne nous demande d'être autre chose qu'un homme. Un homme, vous entendez. Pas un ange, ni un démon. Un homme est une créature qui marche délicatement sur une corde raide, avec l'intelligence, la conscience et tout ce qui est spirituel à un bout de son balancier, et le corps et l'instinct et tout ce qui est inconscient, terrestre et mystérieux à l'autre bout. En équilibre, ce qui est diablement difficile. »

Je lisais et relisais mes passages préférés au point de les connaître par cœur. Huxley devenait ma nourriture quotidienne. Il me fallait impérativement trouver ses autres livres qui malheureusement manquaient sur les rayons de la bibliothèque de Saint-Brieuc.

Je garde de cette époque de ma vie le souvenir d'une chasse effrénée et constante aux œuvres d'Aldous Huxley. *Le Meilleur des mondes* était de toutes la plus connue. En ces lendemains de bombardement atomique sur Hiroshima et Nagasaki, sa capacité visionnaire à critiquer le monde à venir, à partir de ce que nos progrès scientifiques et techniques contiennent en germe, était généralement reconnue. Mais son message profondément écologique restait inouï au sens strict, c'est-à-dire, non entendu.

Pour moi, plus que *Le Meilleur des mondes,* c'est *La Fin et les Moyens,* publié chez Plon avec une préface de Daniel-Rops, qui devait me permettre, en sortant du genre littéraire du roman, d'approfondir les thèses avancées discrètement dans *Contrepoint.*

Il m'est difficile d'évoquer ici l'effervescence intellectuelle dans laquelle cet essai plongea mes quinze ans. Huxley y traitait autant de l'organisation de la vie sociale que du travail à accomplir sur soi pour devenir « un homme sans attaches ». Il préconisait la création de petits îlots, sorte de communautés de véritables humanistes, dont il pensait, comme le résume Daniel-Rops dans sa préface, que la valeur de témoignage serait décisive, et qu'ils finiraient un jour par réensemencer la terre.

Intimement converti au bien-fondé de cette cause et incapable, en bon Celte, d'accepter un décalage entre la pensée et le passage à l'acte, je décidai de créer immédiatement une telle communauté à l'intérieur du lycée, seul champ accessible à mon action. A quinze ans, j'étais déjà un coureur d'utopie. Je pris même l'initiative, bien audacieuse à l'époque pour un jeune lycéen breton, d'en avertir Daniel-Rops. Bien des années plus tard, étant devenu l'un de ses amis, je lui rappelai cette lettre qui était restée sans réponse. Il s'en souvenait encore mais j'avais, me dit-il, oublié d'indiquer une adresse pour que puisse me parvenir sa réponse !

Au fil des pages de son essai, Aldous Huxley faisait appel pour conforter son discours à des textes du taoïsme, du bouddhisme, de la tradition hindouiste, mais aussi de la tradition chrétienne mystique. Les citations qu'il commentait m'ouvraient un univers nouveau. Elles n'évoquaient pour moi rien de connu et pourtant elles faisaient vibrer en moi une sorte de résonance comme si, d'avance, tout mon être leur était accordé. Elles provoquaient en moi une véritable soif spirituelle. Si j'en avais alors eu connaissance, j'aurais pu m'approprier les versets du psalmiste :

Comme languit une biche après l'eau vive,
Ainsi languit mon âme vers toi, mon Dieu.

J'avais en effet soif de Dieu. J'étais mûr pour découvrir *La Philosophie éternelle* d'Huxley, dans la traduction que Plon venait de rééditer en 1950.

Véritable coup de foudre. Dès la toute première page je fus transporté hors de moi (ce qui est la signification étymologique de l'*extase*) et, simultanément, renvoyé à ce qui, en moi, était le plus profond et le plus enraciné dans la perception intime de l'évidence (ce que l'on pourrait appeler, par analogie, l'*enstase*, en empruntant ce néologisme à Mircea Eliade). Il me suffisait d'ouvrir cette anthologie de textes mystiques pour oublier les contingences du monde scolaire dans lequel je vivais et percevoir mon indubitable appartenance à la grande tradition de l'humanité, celle qu'Aldous Huxley, reprenant une formule de Leibniz, présentait sous le nom de *Philosophia perennis*.

Pour leurs seize ans, certains de mes amis avaient des coups de foudre politiques (la mode, en ce début des années 50, était au marxisme), d'autres des coups de foudre esthétiques, d'autres encore des coups de foudre amoureux. J'ai vécu les miens sous l'effet d'un coup de foudre mystique. Toute ma vie devait en être marquée

« C'est de ce qui n'a point de nom que sont nés les Cieux et la Terre [...]. Ne demande pas si le Principe est en ceci ou en cela : il est en toutes choses. Il est en toutes choses, mais n'est point identique aux êtres, car il n'est ni différencié ni limité » (Lao Tseu et Chouang Tseu). »

« Tat tvam asi : tu es cela » (*Upanisad*).

« L'astrolabe des mystères de Dieu, c'est l'amour » (Djalal-Eddine Roumi).

Cette dernière phrase n'avait pas pour moi la même évidence que les autres, mais elle me fascinait par la magie de ses mots.

« Chaque être renferme en lui-même la totalité du monde intelligible. En conséquence,

Tout est partout. Chacun y est Tout, et Tout est chacun. L'homme tel qu'il est maintenant a cessé d'être le Tout. Mais quand il cesse d'être un individu, il s'élève de nouveau, et pénètre le monde entier » (Plotin).

« Plus Dieu est en toutes choses, plus Il est en dehors d'elles. Plus Il est au-dedans, plus il est au-dehors » (Maître Eckhart).

Et il me faudrait citer tant d'autres mystiques chrétiens dont les noms mêmes m'étaient jusqu'alors inconnus : Tauler, Ruysbroek, Suso, Nicolas de Cuse et l'auteur anonyme du *Nuage d'inconnaissance.*

Je pénétrais dans un monde qui m'était totalement nouveau mais, paradoxalement, j'avais l'impression en l'explorant de reconnaître ma vraie patrie et, à coup sûr, d'entendre ce que je n'hésite pas à appeler ma *vocation,* c'est-à-dire, selon l'étymologie, l'*appel* auquel j'avais le sentiment de devoir impérativement consacrer ma vie.

Huxley écrivait :

« Le Fondement divin de toute existence est un Absolu spirituel, ineffable dans le langage de la pensée raisonnée, mais (en certaines circonstances) susceptible d'être directement ressenti par l'être humain, qui en prend conscience. Cet Absolu est le Dieu-sans-forme de la phraséologie hindoue et chrétienne-mystique.

La fin dernière de l'homme, l'ultime raison

de l'existence humaine, est la connaissance unitive du Fondement divin... »

Toutes ces affirmations, je les faisais miennes. Sans hésitation. Sans discussion. Comme l'expression d'une évidence intérieure. Quarante ans plus tard, je perçois encore la force de leur message. Aucun doute ne m'est possible « Cela est juste et bon. »

Je le ressens aujourd'hui sur fond de sérénité. Je le ressentais alors sur fond d'exaltation. La découverte de cette *terra incognita* était devenue ma passion. Rien dans ma vie ne pouvait entrer en compétition avec elle puisqu'il s'agissait par définition d'une quête de l'Absolu. Tout me paraissait être devenu secondaire, et les études en particulier, très secondaires. Les perspectives qu'elles ouvraient d'une carrière dans la société des hommes avaient perdu pour moi tout intérêt Ébloui par la lumière que je découvrais, j'étais devenu aveugle à tout le reste et personne, par un discours raisonnable et raisonné, ne pouvait y changer quoi que ce soit. Je n'étais plus vraiment accessible au dialogue et la fulgurance de l'évidence en moi ne s'accompagnait guère d'humilité, c'est le moins qu'on puisse dire, car ma vérité ne supportait pas la contradiction.

Tout dans mon existence était balayé par cette sorte de typhon, tout, à l'exception cependant de la passion amoureuse née en moi dès l'âge de treize ans et qui, depuis, était comme la respiration de ma vie. Je ne ressentais nullement ces deux passions comme contradictoires. Il suffisait, me semblait-il, d'entraîner l'être aimé dans le même vertige de Dieu. Ce à quoi je m'employais avec plus ou moins de succès.

L'ivresse de la rencontre de deux êtres, l'ivresse de la rencontre de deux corps, était pour moi comme un avant-goût de l'ivresse de la rencontre de Dieu, l'apprentissage d'un abandon et d'une perte de soi en l'autre. Dès mes seize ans, et même si j'étais incapable à l'époque d'en élaborer la théorie, la spiritualité, qui me semblait en général jeter un voile de discrédit sur un horizon purement humain, se conjuguait au contraire pour moi sans problème existentiel avec l'amour sexuel de l'être aimé. Je percevais entre l'un et l'autre comme une parenté, un rapport commun avec l'absolu, l'aspiration à un dépassement de soi et même, aussi étonnant que cela puisse me paraître aujourd'hui car cela me semble en avance sur son temps, à une certaine pureté.

Sur ce point, j'étais bien loin des catégories morales qui avaient cours en milieu chrétien et cette conviction primitive, spontanée, que j'ai dû dissimuler pendant bien des années de conformité à l'idéologie catholique officielle, ne m'a au fond jamais quitté.

La *Philosophie éternelle* d'Aldous Huxley était devenue mon bréviaire. Je pouvais y revenir quotidiennement sans jamais me lasser. C'était mon jardin secret, éloigné des zones d'intérêt de mes compagnons d'étude. J'y cultivais ma singularité, non sans une certaine délectation ni sans un certain sentiment de supériorité : celui d'appartenir au cercle très restreint, et à vrai dire aristocratique, des élus. J'étais, j'en suis sûr, insupportable pour mes amis.

Un jour je trouvais à acheter les *Lettres à l'Ashram* de Gandhi, que venait de publier Jean Herbert dans la collection « Spiritualités vivantes ». C'est alors que naquit en moi l'idée d'appartenir à une communauté d'hommes partageant la même hiérarchie des valeurs, d'hommes pour qui la « connaissance unitive du Fondement divin », pour reprendre l'expression d'Aldous Huxley, éclipsait toutes les autres finalités de la vie humaine.

La lecture de *La Nuit privée d'étoiles* de Thomas Merton m'apprit, à mon grand étonnement, que de telles communautés qui, pour moi, ne pouvaient être que des communautés de lumière, existaient à l'intérieur même de l'Église catholique romaine, que j'étais habitué depuis mon enfance à percevoir comme le bastion de l'obscurantisme le plus attardé.

Loudéac, la petite ville au cœur de la Bretagne où j'ai vécu mes premières années, était traversée dans l'immédiat après-guerre par une frontière à peu près étanche entre catholiques et laïcs, frontière qui séparait aussi, à peu de chose près, ceux qui votaient à droite de ceux qui votaient à gauche. La société d'alors se donnait à voir en noir et blanc.

Fils d'institutrice laïque, je n'avais jamais l'occasion de jouer avec les enfants qui fréquentaient l'école dite libre. Je les voyais dans les rues défiler de l'école à l'église et de l'église à l'école, en rang par deux et en silence, sous la ferme houlette des

Filles du Calvaire pour les fillettes et de Frères des écoles chrétiennes, tout de noir vêtus, pour les garçons. La première fois que je les ai entendus rire, à la descente d'un autobus qui ramenait une colonie de vacances, j'ai couru alerter ma famille. Je n'en croyais ni mes oreilles ni mes yeux, persuadé que j'étais qu'ils n'avaient jamais le droit de rire ! Cela peut paraître caricatural aujourd'hui, telle était pourtant la sociologie du Loudéac de mes douze ans.

Avec *La Nuit privée d'étoiles,* une de mes préventions à l'égard du catholicisme commençait à s'effriter : on pouvait éventuellement trouver en son sein des hommes de Dieu. De l'aventure que devait entraîner cette découverte, je reparlerai plus loin. Pour le moment l'Église n'était pas dans le champ de mes préoccupations. Seul Dieu m'intéressait.

Je ne sais plus quand je me suis mis à réfléchir pour la première fois au problème de son existence. Peu importe d'ailleurs la chronologie en la matière. Très tôt, je le sais, une sorte de conviction s'est forgée en moi, à caractère très rationnel même s'il me reste impossible d'en donner une justification pleinement rationnelle, qui a constitué et constitue toujours le socle de toutes mes autres convictions. Nous touchons ici aux fondations. Au roc sur lequel s'est progressivement construit tout le reste.

Le point de départ, c'est le monde dans lequel nous vivons. Je constate son existence. J'ignore bien sûr quelle est la consistance des phénomènes qu'il offre à mon observation, mais seraient-ils purement spirituels, ils n'en demanderaient pas moins une explication. Le monde existe et je me demande pourquoi.

Pourquoi suis-je ici, en train d'écrire ?

Pourquoi cette planète sur laquelle nous vivons, et dont la mince croûte grouille de milliards d'êtres vivants, comme autant d'enzymes acharnées à une digestion dont le sens semble leur échapper ?

Pourquoi les atomes et l'univers énigmatique de leurs particules imprédictibles ?

Pourquoi notre galaxie et, au-delà d'elle, ce tissu de galaxies que nos nouveaux télescopes nous permettent d'inventorier ?

Pourquoi tout cela plutôt que rien ?

La question se transmet de génération en génération depuis des millénaires.

Les sciences, en repoussant les limites de notre ignorance vers l'infiniment petit comme vers l'infiniment grand (*petit* et *grand* n'ayant de valeur que relative à nous et à notre mode de perception), ne font qu'accroître l'ampleur de la question, mais ne lui apportent pas de réponse. Elles n'ont d'ailleurs pas mission de répondre à ce type d'interrogation. Il ne s'agit plus ici de physique. Il ne s'agit plus d'entrer dans l'intelligence de la nature. Il ne s'agit pas même d'explorer, à supposer qu'il ait existé, les confins de l'instant zéro de notre univers. La question ne s'impose pas en fonction d'un *avant* hypothétique de l'histoire du monde. Elle se pose ici et maintenant, en tout lieu et en tout instant de l'univers connu. Elle n'est pas physique, mais *méta-physique*. Je connais l'origine anecdotique du mot, la métaphysique désignant ce qui, dans les œuvres d'Aristote, vient juste *après* ses traités de physique. Mais son contenu désigne bien la réflexion sur le ou les principes qui sous-tendent l'univers physique tel que nous pouvons le connaître et l'analyser. Elle désigne une réflexion d'un autre ordre.

Pourquoi quelque chose plutôt que rien ?

Ma phrase tient debout, grammaticalement.

Le premier terme de l'alternative se réfère à mon expérience. Expérience naïve sans doute et dont je sais combien elle est conditionnée par mes capacités de perception. Saint Thomas d'Aquin l'a magistralement exprimé : « *Quidquid percipitur, ad modum percipientis percipitur* », tout ce qui est perçu l'est selon le mode (c'est-à-dire selon les capacités) de celui qui perçoit. Heureusement, les scientifiques de toutes disciplines sont à l'œuvre, et je leur fais confiance, pour dépasser la naïveté de notre expérience et explorer en tous sens ce *quelque chose* qui s'offre à leur investigation. Il leur revient d'élucider notre compréhension des phénomènes, de dégager les logiques auxquelles ils semblent être soumis, de débusquer lorsqu'ils le peuvent les enchaînements de cause à effet qui échappent à notre perception primaire des choses. Bref, de décrypter la symphonie complexe qui s'offre à nos sens et de l'écrire en clair sur une portée musicale lisible, sinon par tous, du moins par les initiés. Il revient aux sciences d'étudier tout ce qui se donne à connaître dans l'espace et le temps de notre univers.

Mais revenons à notre interrogation : *pourquoi quelque chose plutôt que rien ?*

Que peut bien vouloir dire le *rien* du deuxième terme de l'alternative ? Puis-je vraiment imaginer un vide si absolu qu'il ne se définisse ni en termes d'espace ni en termes de temps, et tel qu'il n'y ait pas même une conscience pour prendre conscience de cette totale absence d'être, de ce rien, de ce néant ? Je suis capable d'aligner des mots pour le dire, mais suis-je capable de le concevoir ? Tout ce que je pense, tout ce que je conçois, tout ce que j'imagine, est tellement conditionné par les catégories de l'espace et du temps qui donnent une forme à ma vision du monde que, lorsque j'essaie de les nier, je touche aux confins de l'inconcevable. J'entrevois le bord d'un abîme. Mon intelligence vacille. Je suis pris de vertige.

Mais alors, *pourquoi quelque chose ?* A cette question fondamentale, une seule réponse me semble s'imposer : *l'absurde*. Sur ce point, il ne doit pas être trop difficile de réunir l'unanimité des esprits, car tous sont prêts à reconnaître que la question est digne des *kôan* zen, ces paradoxes sur lesquels on peut indéfiniment méditer sans jamais trouver la clé de leur intelligibilité. En effet, nous touchons ici aux limites de l'intelligence qui, à un moment ou un autre, devra nécessairement capituler devant ce qui la dépasse. Tout le problème est de savoir à quel moment il convient d'accepter cette capitulation. C'est ici que les choses se gâtent, c'est en ce point précis que les hommes se divisent : lorsqu'il s'agit de préciser à quel moment du raisonnement doit intervenir l'absurde, à quel niveau de la réalité il se situe.

Les uns sont tentés de précipiter leur recours à lui. A la question *pourquoi quelque chose ?* ils répondent d'emblée qu'ils n'ont pas de réponse. Il y a quelque chose parce que c'est ainsi, un point c'est tout. Ce *quelque chose,* quelle qu'en soit par ailleurs la nature, n'a aucune cause en dehors du fait qu'il existe. A la question *pourquoi ?* il ne leur est possible de répondre qu'à la manière de parents pris de court par une question inopportune de leurs enfants : *parce que !* C'est un aveu d'absurdité. Reconnaître un effet sans cause, accepter quelque chose qui existe sans raison d'exister, c'est effectivement confier à l'absurde le dernier mot de l'histoire : le monde des phénomènes est absurde, mais c'est ainsi. Nous n'avons pas le choix. Il ne nous reste plus qu'à l'accepter, à l'étudier et à nous y accoutumer.

Les autres refusent de capituler aussi vite devant l'absurde. Avec Aristote, Thomas d'Aquin et bien d'autres philosophes, ils préfèrent répondre que si quelque chose existe plutôt que rien, c'est qu'une réalité qui a en elle-même sa propre raison d'exister le pose dans l'existence. En d'autres termes, quelque chose existe parce que Dieu *(la réalité qui a en elle-même sa propre raison d'exister)* le fait exister.

En vérité, par ce détour, la question cruciale n'est repoussée que d'un cran. De *pourquoi quelque chose ?* elle devient *pourquoi Dieu ?* Et on retrouve alors la seule réponse possible : *parce que !* A son tour, *la réalité qui est à elle-même sa propre raison d'exister* avoue son absurdité. Elle existe parce que c'est ainsi. Rien, en dehors d'elle-même, ne vient l'expliquer. C'est absurde, mais il n'y a pas le choix. Il ne nous reste plus qu'à l'accepter, à essayer d'en concevoir l'inconcevable pensée, et à nous y accoutumer.

Entre ceux qui posent une *réalité qui est à elle-même sa propre raison d'exister* comme postulat à l'existence du monde et ceux qui la refusent, seul le moment de leur capitulation devant l'absurde est donc légèrement décalé. La différence entre les uns et les autres est infime. Elle n'a pas l'épaisseur d'une feuille de papier à cigarettes. Elle a tout juste l'épaisseur d'une conscience !

Le monde repose-t-il sur l'absurde ou sur l'Absurde ? Telle me paraît être la question. Le problème de l'existence de Dieu se joue donc sur l'attribution d'une majuscule. Plus exactement, sur l'attribution d'une conscience.

Peut-on départager de façon décisive les tenants de ces deux positions ? Y a-t-il une preuve contraignante en faveur des uns ou des autres ? Je ne le pense pas. Nous sommes ici sur le toit du monde où s'opère le partage des eaux, et chacun, selon sa propre pente, se laisse glisser d'un côté ou de l'autre. « Il y a, disait Pascal, de l'évidence et de l'obscurité pour éclairer les uns et obscurcir les autres. » Le choix ici n'est pas question de science. On est au-delà de la science et l'on trouvera des scientifiques d'un côté comme de l'autre sans que cela ait valeur de preuve, ni même de caution, pas plus dans un sens que dans l'autre.

Le choix est-il question de logique ? Je n'en suis pas sûr. Si je décompose mon raisonnement, je peux le formuler de la façon suivante :

1) le monde des phénomènes, dont je fais partie, existe,
2) il n'est pas à lui-même sa propre raison d'exister,
3) il en appelle donc à une réalité qui est à elle-même sa propre raison d'exister et que, par convention, j'appelle Dieu (sous-entendu : sinon le monde n'existerait pas et je ne serais pas là pour en parler).

Chacune de ces affirmations peut être soumise à des discussions sans fin et le syllogisme qui permet d'aboutir à la conclusion peut être à son tour soumis à la critique des logiciens. Mais, de façon existentielle, le choix ne dépend ni du syllogisme que je viens de formuler, ni de la critique que les logiciens peuvent en instituer. Il s'agit plutôt d'une intuition qui s'impose aux uns avec la force de l'évidence et ne s'impose pas aux autres.

Si le mot *foi* n'était pas devenu aussi ambigu par l'abus qu'en ont fait les religions qui lui font porter le fardeau de toutes les croyances jusqu'à la crédulité, c'est de foi qu'il faudrait parler ici ; foi, c'est-à-dire certitude fondée sur l'évidence intérieure plus que sur le raisonnement, foi en cette Réalité qui fonde le monde et lui confère son intelligibilité ultime, au-delà des bribes de sens que nous pouvons assembler comme les pièces d'un puzzle.

Il nous faut cependant être attentifs à éviter ici toute méprise. Cette intelligibilité ultime relève de ce que les philosophes appellent la *Cause première.* Elle n'interfère en rien avec l'écheveau complexe des causes et des effets que les scientifiques ont pour tâche de démêler. Encore une fois, elle est d'un autre ordre, métaphysqiue. Nous n'avons aucun rôle particulier à lui faire jouer à l'intérieur du monde, ni dans la recherche des origines temporelles, ni dans celle des finalités spécifiques qui sont les unes et les autres de l'ordre des *causes secondes.*

Cette Réalité ultime fonde le tout. Elle est donc nécessairement présente en tout. Mais elle ne s'identifie à rien dont nous puissions avoir l'expérience. Elle n'est ni ceci ni cela que nous pouvons trouver au tournant de notre recherche. Les scientifiques ne doivent ni craindre ni espérer la trouver sur leur chemin. Si certains d'entre eux pensent l'entrapercevoir, c'est en creux, comme une béance. C'est le *Réel voilé* qu'ils ne peuvent dévoiler. C'est la *mélodie* qui reste à jamais *secrète.* C'est l'*ordre impliqué* dont ils ne perçoivent que la face déployée et expliquée dans l'espace et le temps.

Elle se situe radicalement sur un autre plan.

Il est une parabole mathématique qui peut illustrer ce changement de plan, c'est celle du polygone régulier inscrit dans un cercle.

Soit un cercle quelconque d'une circonférence *c.*

J'inscris à l'intérieur un polygone régulier de *n*

côtés. Si la longueur de chacun de ses côtés est égale à l, son périmètre p s'obtient en multipliant le nombre des côtés n par la longueur l de chacun d'entre eux. Cela donne l'équation suivante :

$$n \times l = p$$

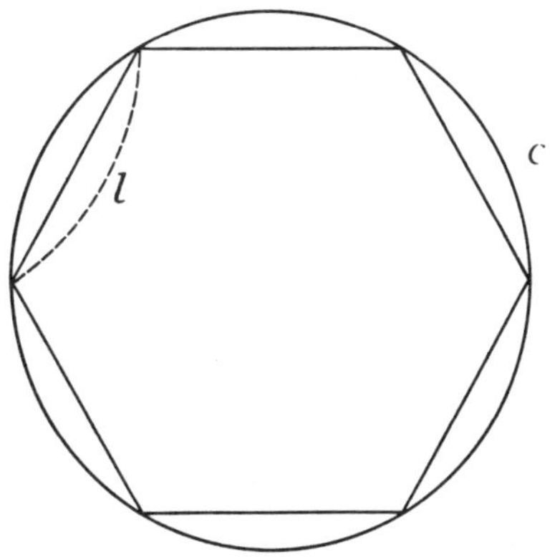

Si je fais croître le nombre des côtés, la longueur de chacun d'entre eux diminue, mais le périmètre du polygone s'obtient toujours par la même équation : $n \times l = p$.

Aussi nombreux (et par conséquent petits) que soient les côtés, j'ai toujours affaire à un polygone inscrit dans un cercle. Son périmètre est toujours légèrement différent de la circonférence de ce cercle. Poursuivons cette multiplication indéfiniment, le nombre des côtés tend vers l'infini tandis que la longueur de chacun d'entre eux tend vers zéro, et le périmètre du polygone, qui n'est toujours pas identifié au cercle, tend à se confondre avec sa circonférence.

$$n \rightarrow \infty$$
$$l \rightarrow 0$$
$$p \rightarrow c$$

Supposons maintenant que nous fassions le saut vertigineux que les mathématiciens ont baptisé *passage à la limite.* D'un côté nous faisons le saut dans l'infini, de l'autre le saut dans le néant et nous obtenons la circonférence *c* par la formule mystérieuse :

$$\infty \times 0 = c$$

Quel que soit le nombre le plus élevé que l'on puisse imaginer, si on le multiplie par zéro, on obtient toujours zéro. Pour obtenir la circonférence du cercle, il faut *changer d'ordre,* quitter la série illimitée des nombres pour passer sur un autre registre, celui que le mathématicien Kantor a baptisé *la puissance du continu,* une puissance qui, à partir de zéro, peut engendrer le continu.

Telle est la parabole mathématique (rien qu'une parabole) du mystère de la création. Nicolas de Cuse, dans son traité *De la docte ignorance,* développe plusieurs analogies de ce type. Il montre que dès que l'on sort du fini, la droite, le triangle, le cercle et même la sphère ne font plus qu'un. Ce qui lui permet d'illustrer sa thèse sur la coïncidence des contraires en Dieu. Un triangle qui aurait l'un de ses côtés infini aurait en effet l'un de ses angles égal à 180°, les deux autres étant réduits à 0°. Il se confondrait donc avec son seul côté infini. De même, un cercle dont le rayon serait infini serait une droite infinie. Tournant sur lui-même pour engendrer une sphère, il ne produirait toujours qu'une droite infinie.

Mais revenons à notre équation. Elle reste valable quelle que soit la dimension du cercle considéré : qu'il soit plus petit qu'un atome ou plus grand qu'une galaxie. La dimension qui, encore une fois, est strictement relative à nous, n'a rien à voir dans cette histoire. A partir de zéro, il faut la même puissance pour engendrer une réalité qu'elle soit de la taille d'un micron ou qu'elle se mesure en années-lumière. Ce que Nicolas de Cuse exprime dans son langage : « Le maximum est dans la même raison en n'importe quelle chose, comme n'importe quelle chose est en lui-même. »

En d'autres termes, la puissance créatrice de Dieu est aussi nécessaire pour créer un grain de sable que pour créer l'univers entier. Ou, pour parler encore un autre langage, la totalité de l'information sur Dieu est présente dans toute parcelle de réalité créée, quelle que soit sa dimension.

Qui entrerait dans l'intelligence de la création de la plus infime de ces parcelles entrerait dans l'intelligence de Dieu et, du même coup, dans l'intelligence du monde entier.

Cela fait penser à cette autre parabole contemporaine qu'est l'hologramme. Grâce à son mode d'obtention, chacune de ses parties, à la différence d'une pellicule photographique, contient de l'information sur la totalité de l'objet à reproduire. « Chaque être renferme en lui-même la totalité du monde intelligible », disait déjà Plotin qui ne connaissait pourtant pas l'hologramme ! *En consé-*

quence, Tout est partout. Ainsi en va-t-il du monde dont la moindre parcelle, si nous savions la décoder, nous informerait sur le tout. Il est comme la projection holographique de la pensée de Dieu.

Peut-être touchons-nous ici la différence essentielle entre ceux qui posent Dieu comme postulat à l'intelligibilité du monde et ceux qui n'en perçoivent pas l'impérieuse nécessité. Cette différence se situe au niveau du primat qu'ils accordent ou qu'ils refusent à la conscience dans la constitution du réel.

« Au commencement était le Verbe », dit l'Évangile selon Jean que j'appelle ici à la barre, non comme témoin d'une Vérité révélée, mais comme celui d'une pensée philosophique. Nous sommes trahis par les mots. Il ne s'agit pas en effet du *commencement* au sens chronologique du terme mais bien plutôt du *principe* sous-jacent à la totalité du réel (que celui-ci ait ou non un commencement, question qui concerne les astrophysiciens et non les métaphysiciens). Il ne s'agit pas non plus d'un passé, mais plutôt d'un *hors-temps* pour lequel notre grammaire n'a rien prévu et qu'il est préférable, faute de mieux, de traduire par un présent. Cela nous donne : *au principe [de toutes choses] est le Verbe, le logos,* c'est-à-dire la parole, la pensée, la conscience.

Notre question du départ, *pourquoi quelque chose plutôt que rien ?* se transforme ainsi progressivement. Elle peut maintenant se formuler de la manière suivante :

Le monde dans lequel nous vivons est-il, globalement pris, la manisfestation d'une conscience préalable ou n'est-il au contraire que le résultat aléatoire de l'évolution par éclatement et par chocs successifs d'une matière qui existe par elle-même sans aucune autre raison qu'elle-même d'exister ?

Tout ce qui existe est-il, oui ou non, l'expression d'une pensée sous-jacente ?

Sommes-nous pensés pour pouvoir être ?

La pensée est-elle, dans l'ordre logique, antérieure à la matière et à son organisation ?

Est-ce une pensée primordiale qui engendre les phénomènes ? ou le monde dans son ensemble et notre pensée en particulier ne sont-ils que la résultante et la sécrétion d'une matière qu'un pur hasard a habilement agencée ? (Mais qu'est-ce qu'un *hasard* qui est capable d'agencer les choses et de créer de l'ordre ?)

Encore une fois, aucune preuve contraignante ne nous impose de choisir définitivement pour l'un ou l'autre camp. En ce qui me concerne, il me semble moins absurde, si j'ose dire, d'opter pour l'existence de cette conscience logiquement antérieure à l'existence du monde et qui assume dans sa contradiction essentielle l'absurdité de ce qui, autrement, serait sans raison. Parce qu'elle porte en elle-même sa propre raison d'exister.

Jeune moine, j'ai eu le privilège de converser avec un penseur de qualité. Il était sulpicien et s'appelait Michel Brissaud. Le problème de Dieu, affirmait-il sereinement, est un faux problème. Ceux qui prétendent ne pas y croire font en réalité jouer sa partition sur la scène du monde par un autre personnage. Dans leurs raisonnements, ils confèrent les prérogatives de Dieu à la nature, à la matière ou à l'univers, et font jouer au hasard le rôle de la Providence.

L'exploration scientifique des phénomènes, poursuivait-il, n'est pas non plus un vrai problème. Nous pourrons indéfiniment perfectionner nos connaissances sans pour autant déboucher sur la compréhension de ce qui reste pour l'esprit un grand mystère, à savoir la cohabitation, la coexistence de Dieu et de l'univers créé. Comment Dieu, cette réalité qui est à elle-même sa propre raison d'exister et qui, par définition, est infinie, peut-il projeter dans l'existence un monde qui ne fasse pas nombre avec lui et ne lui impose pas de limites ?

La tentation est quasiment irrésistible de résoudre le problème en éliminant l'un de ses termes. C'est ainsi que se partagent les grands courants de pensée qui traversent l'humanité.

Pour les uns qui se disent matérialistes, seul le monde existe. Mais alors ils lui confèrent, à l'exclusion du nom, les attributs de Dieu.

Pour les autres, seul Dieu existe et le monde ne peut être, fondamentalement, qu'une pure illusion. Les avancées récentes des physiciens de l'infiniment petit provoquent un regain d'intérêt pour ce type de pensée, que l'Occident croyait avoir à jamais exorcisé.

La matière qu'analysent les scientifiques n'a en effet plus grand-chose à voir avec celle que nous percevons par le canal de nos cinq sens. Plus ils avancent dans leur prospection du monde infra-atomique et plus la matière semble se diluer entre leurs doigts. Ils approchent du vide. Ils frôlent le néant.

Un jour le monde leur apparaîtra peut-être comme un gigantesque jeu d'illusion sur fond de néant. Sans doute comprendrons-nous mieux alors le concept de *maya* que nous proposent les Veda, sorte de voile d'illusion cosmique jeté sur la vue des hommes, de sorte qu'ils ne perçoivent de l'univers que sa multiplicité et non l'Un qui le sous-tend. Nous ne sommes plus loin de percevoir la texture ultime du réel comme celle d'un rêve, le rêve de Dieu.

Dieu rêve, et cela est, chantera peut-être le psalmiste du XXIe siècle.

Pour Michel Brissaud, le plus grand des défis auxquels l'intelligence humaine est affrontée est de parvenir à concevoir que le monde existe réellement, avec sa consistance propre, fût-elle métaphoriquement celle d'un hologramme ou celle d'un rêve ; qu'il reçoit tout de Dieu, et pourtant qu'il ne s'identifie pas à Dieu ; que le processus qui va de l'Un à l'Un en passant par le détour du multiple n'est pas un processus inutile ; qu'il sécrète une information que Dieu contemple de toute éternité, et qu'ainsi, entre le créé et l'Incréé, un incroyable dialogue s'instaure, même s'il ne prend pas les formes du dialogue humain.

Si je m'éloigne de ses mots et sans doute même de ses arguments, j'espère restituer fidèlement sa pensée.

Je constate pour ma part qu'on ne s'approche jamais mieux de Dieu qu'en s'approchant du néant. L'un comme l'autre sont d'ailleurs évoqués par le même symbole mathématique. Le point, qui est censé n'avoir aucune extension dans l'espace, est le symbole du néant. Mais il est aussi le seul que nous puissions utiliser pour signifier l'absolu, qui transcende l'espace et le temps et ne saurait avoir d'extension ni dans l'un ni dans l'autre. Il est donc à la fois symbole de Dieu et du néant. « Et à cause de cela le grand Denys [l'Aéropagite] dit que l'intelligence de Dieu amène plutôt au néant qu'à quelque chose » (Nicolas de Cuse).

A l'esprit qui s'efforce d'en saisir les concepts, l'un et l'autre donnent le vertige. Car si nous avons un mot pour désigner Dieu, un mot qui peut entrer dans nos phrases et respecter les règles de la syntaxe, nous ne devons pas céder à la facilité du langage et croire que nous savons de quelle réalité nous parlons quand nous parlons de lui. Quand il entre dans nos équations, quand nous lui attribuons un rôle, quand nous lui décernons des qualificatifs, toutes nos phrases explosent, car nos idées et nos mots ne peuvent le contenir. De Dieu, je sais qu'il est, disait Thomas d'Aquin, mais j'ignore ce qu'il est. Mon esprit débouche sur lui comme sur un vide parfait.

Un vide qui serait pure conscience.

Moines, ils seront unifiés

Heureux êtes-vous, monakoi,
qui êtes en quête d'unité,
parce que vous trouverez le Royaume.
Comme vous êtes issus de lui
vous y retournerez.

(Évangile selon THOMAS, logion 49)

QUELQUES semaines avant mes dix-sept ans, Michel, l'un de mes condisciples au lycée de Saint-Brieuc, me fit le récit romanesque de son passage dans un monastère en ruine où quelques moines hirsutes, regroupés autour d'un vieil abbé, digne de la légende des saints bretons, vivaient en suivant à la lettre l'antique règle des moines, dite de saint Benoît.

L'abbaye s'appelait Boquen et le père abbé, Dom Alexis Presse.

Dans le récit de Michel, il n'était question que de déambulations à la lumière d'une bougie dans des bâtiments aux murs de pierres nues ; de moines barbus habillés de hardes rapiécées ; de ruines recouvertes de lierre dont les pans se distinguaient à peine dans la nuit ; de sardines à l'huile, rancies, mangées dans d'improbables gamelles de fer-blanc ; de paillasses spartiates, sur lesquelles lui et ses amis avaient somnolé quelques heures avant d'être réveillés en pleine nuit pour participer à la psalmodie sans fin des matines.

Il revenait d'un autre monde, d'une autre planète. Un cosmonaute au retour de Mars n'aurait pas été plus excité ni plus enthousiaste. J'étais à la recherche d'hommes de Dieu. Lui les avait trouvés.

C'est ainsi que je découvris Boquen.

Au contact direct avec l'abbaye et avec son abbé, je ne fus pas déçu. Michel ne m'avait pas trompé. Pour autant que je pouvais en juger, il s'agissait bien d'hommes qui vivaient selon une hiérarchie des valeurs où Dieu occupait la première place et où tout le reste semblait devenu secondaire. L'anachronisme complet de leur mode de vie, loin de m'effrayer ou de me rebuter, ajoutait au contraire la séduction de son exotisme, Aldous Huxley et son *Meilleur des mondes* m'avaient rendu méfiant à l'égard des progrès incontrôlés de notre civilisation moderne. A Boquen, je ne risquais pas de m'y trouver affronté. Loin de devancer le temps, la machine ici servait à le remonter. Boquen vivait en plein Moyen Âge.

La décision fut vite prise : c'est à Boquen que je vivrais.

Le fait qu'il s'agissait d'une abbaye chrétienne ne me préoccupait guère. J'aurais trouvé dans mon entourage un *ashram* hindou ou un *dojo* zen, ma réaction aurait sans doute été la même. Je n'étais pas en quête d'une religion avec ses dogmes et ses rites, mais en quête d'un art de vivre centré sur Dieu, et c'était ce que Boquen m'offrait. Le fait qu'il s'agissait d'un monastère chrétien n'était pour moi qu'un accident. Le christianisme n'y était, à tout prendre, qu'une modalité. Il n'était donné que par surcroît. C'est du moins ainsi que je percevais les choses dans mon optique qui n'était pas, je dois le reconnaître, très courante à l'époque.

Moine. Le mot semble simple et tout le monde croit le comprendre mais il cache plus d'une signification dans son étymologie. Il vient indubitablement du grec *monos*, mais *monos* peut s'entendre de celui qui est *un* comme de celui qui est *seul*.

Est-il *monos* celui qui vit dans la solitude du désert par opposition à tous ceux qui s'agglutinent dans la corruption des villes ? C'est en effet la première image qui vient à l'esprit en pensant aux ermites qui peuplaient les déserts de la Haute-Égypte ou de la Syrie aux premiers siècles du christianisme. Mais cette image est très vite contredite par ces véritables cités que devinrent les grands monastères de Pacôme, de Basile ou de Benoît, peuplés de plusieurs centaines de moines.

N'est-il pas plutôt *monos*, celui qui choisit de rester célibataire, et donc, de ce point de vue, solitaire, par opposition à ceux qui choisissent, sous une forme ou sous une autre, de fonder une famille et de contribuer ainsi à la continuité de l'espèce humaine ? Le catholicisme romain a largement répandu cette image en instituant le vœu de chasteté et en l'imposant à une grande partie de son clergé, image encore renforcée par la dévalorisation, voire la condamnation de la sexualité, qu'il a par ailleurs propagée.

Mais lorsque l'Évangile selon Thomas met dans la bouche de Jésus au logion n° 49 : « Heureux êtes-vous, les moines, les élus, parce que vous trouverez le Royaume ; comme vous êtes issus de Lui, vous y retournerez », il ne désigne apparemment ni ceux qui ont fui dans le désert, ni ceux qui ont choisi de rester célibataires, mais bien plutôt ceux qui sont *uns* c'est-à-dire unifiés, ou tout au moins en quête de leur unité. Il désigne ceux qui savent *faire le deux un* dont il parle à deux reprises, au logion n° 22 puis au n° 106. Ceux-là sont en quête d'une double unité, car ils ne peuvent accomplir l'unité en eux-mêmes qu'en parvenant à l'union avec l'Un.

Le moine est avant tout l'homme en quête de cette double unité et la vie monastique, un art de vivre destiné à favoriser son parachèvement.

Vingt mois après ma première rencontre avec Boquen, j'y prenais l'habit, selon l'expression consacrée. En m'enlevant mes vêtements civils, l'abbé me dépouillait du vieil homme. Je mourais à mon état civil de Jean-Claude pour naître à une vie nouvelle sous le nom de Bernard, les cheveux rasés en signe de renoncement à toutes les vanités de la vie mondaine et revêtu désormais d'une tunique et d'un scapulaire, comme tous les autres frères de la communauté. Tous ces gestes qui symbolisent la mort à un certain état de l'être, et la naissance à une nouvelle vie, s'enracinent dans une tradition initiatique bien antérieure au christianisme.

J'ai gardé de cet événement le souvenir d'une joie profonde. J'étais comme soulagé du poids du monde : rien désormais ne pourrait interférer avec ce que je considérais comme l'essentiel de la vie, à savoir la recherche de Dieu, l'acquisition de cette *connaissance unitive du Fondement divin* dont Aldous Huxley avait si bien su me communiquer le désir. Aucun des sacrifices qui m'étaient demandés ne me semblait pesant. Ils n'étaient sacrifices qu'aux yeux des autres. Pour moi, ils n'étaient que libération.

En même temps, je me sentais fier d'appartenir à une lignée d'hommes d'exception et cette fierté (qui s'accompagnait volontiers d'un discours d'humilité) devait confiner de très près avec un immense orgueil. Je ne doutais pas un instant que j'avais *choisi la meilleure part.*

Toute tradition initiatique pose la question de son rapport sinon à la démocratie en tant que système politique, du moins à l'ensemble de la population à l'intérieur de laquelle elle évolue. A l'époque des religions à mystères, le problème ne se posait pas. Les initiés étaient des *élus.* Ils constituaient une sorte de caste qui ne se mêlait guère au reste du peuple, considéré comme *vulgum pecus.* Qui n'était pas initié ne pouvait pas participer à la célébration des mystères. Cela ne choquait personne. Cela allait de soi.

A l'origine, le christianisme ne différait guère

sur ce point des autres religions. En ces temps de l'Église primitive, il fallait avoir suivi la formation de catéchumène pour être admis à l'initiation du baptême, qui est lui aussi un rite de mort et de résurrection. Qui n'était pas baptisé, c'est-à-dire initié, ne pouvait participer à la célébration du mystère eucharistique. On faisait sortir à grands cris les catéchumènes du lieu de la célébration dès que sa première partie, consacrée à la lecture des textes et à leur commentaire, était achevée. Quand commençaient les choses sérieuses, la célébration du mystère proprement dit, seuls les initiés n'encourant aucune sanction d'excommunication pouvaient rester pour y prendre part.

Lorsque le christianisme est devenu la religion nationale de plusieurs peuples et que le baptême, cessant d'être perçu comme l'initiation d'adultes dûment préparés, est devenu, dans les jours qui suivent la naissance, une simple formalité signifiant l'appartenance à un groupe social, sa signification initiatique a perdu de sa vitalité et a pratiquement disparu. C'est alors, pour compenser cette perte, que s'est développée la vie monastique autour du thème du *second baptême*, c'est-à-dire d'une seconde initiation, qui reprend, avec une efficacité retrouvée, les gestes essentiels de la mort à une certaine forme de vie et de re-naissance à une autre vie. Les moines ont alors constitué la caste des initiés que les baptisés ne formaient plus, étant devenus pratiquement tout le monde.

L'Église hésite toujours entre ces deux logiques : être ouverte à tous ou n'être que pour les seuls initiés. D'où les contradictions de son discours qui s'accentuent à certaines périodes de l'histoire. Au cours du XXe siècle, elle a réussi, un moment, à se convaincre et à convaincre les autres que le thème égalitaire était au cœur de son idéologie. Mais cette belle conviction a été vite battue en brèche par le retour de la discrimination et de l'anathème sur lesquels elle est en réalité fondée. L'Église ne peut pas être le lieu de la fraternité universelle. A défaut de retrouver sa puissance initiatique, elle ne peut que rassembler dans son sanctuaire les hommes et les femmes qui ont accepté de passer à travers le double filtre de l'adhésion à son dogme et de la participation à ses rites. Elle n'est *catholique*, c'est-à-dire universelle, que par son ambition de s'imposer à l'humanité tout entière. « Hors de l'Église, point de salut ! » cette sentence n'est pas aussi caduque qu'on le croit.

Au cours de mes premières années monastiques, ce type de problématique ne venait guère troubler le sentiment que j'avais (ô combien gratifiant !) d'appartenir à une sorte d'élite de l'humanité. Et même, pour dire vrai, à une élite au sein même de cette élite. Le monachisme, en effet, comme toute institution, est constamment travaillé de l'intérieur par deux forces antagonistes. D'un côté, l'inertie, qui transforme les gestes quotidiens en routine et qui, de petite compromission en petite compromission, vide peu à peu l'institution de son sens et de sa raison d'être. De l'autre, le charisme des réformateurs, habités par la vision intérieure de ce sens qu'ils estiment bafoué et qui, contre vents et marées, et souvent au prix de rudes persécutions, décident de bousculer l'ordre établi et de revenir à l'intuition fondatrice. Lutte évidemment sans fin, dont le récit remplit les livres d'histoire des institutions religieuses.

Or, Dom Alexis Presse était l'un de ces visionnaires, et Boquen se situait de façon audacieuse dans le courant réformateur, en étant, si j'ose dire, une réforme à la puissance quatre, c'est-à-dire la réforme d'une réforme d'une réforme d'une réforme ! Avant de s'installer en 1936 dans les ruines de l'abbaye de Boquen, avec l'intention d'y faire revivre à la fois la lettre et l'esprit de la *Règle des moines* attribuée à saint Benoît qui, au VIe siècle, fonda au sud de Rome d'abord le monastère de Subiaco puis celui du Mont-Cassin, Dom Alexis avait été l'abbé du monastère trappiste de Tamié, en Savoie. Il avait été déchu de son titre et expulsé de son monastère pour cause d'esprit réformateur. (L'histoire a été racontée sous forme romancée par Béla Just, dans *Les Illuminés.*) Mais les Trappistes eux-mêmes devaient leur nom au célèbre abbé de Rancé qui, au siècle de Bossuet, avait décidé de réformer l'ordre des Cisterciens dans son abbaye normande de La Trappe. Quant aux Cisterciens, ils avaient surgi à la fin du XIe siècle pour réformer la vie des monastères bénédictins, qui étaient alors particulièrement florissants dans la mouvance de l'abbaye de Cluny. Ainsi va l'histoire de la vie monastique, au gré de la lutte entre la lettre et l'esprit, de réforme en réforme et de retour aux sources en retour aux sources.

Car la réforme, ici comme en tout autre institution, peut se réaliser soit par anticipation, c'est-à-dire par un saut en avant dans le temps, soit au contraire par un retour aux sources, qui opère un saut en arrière dont la visée première n'est pas d'être rétrograde mais bien de retrouver le jaillissement de l'inspiration fondatrice. La réforme de Dom Alexis était de ce deuxième type. J'oserais même dire, à l'état pur. Convaincu de la sagesse de la Règle de saint Benoît, sa ligne de conduite se résumait en une seule phrase : « Toute la Règle, rien que la Règle. »

Il balayait ainsi tous les us et coutumes qui, par sédimentations successives, étaient venus encombrer la vie monastique originelle. Cela est simple à formuler, et peut paraître aujourd'hui aller de soi. Mais en 1936, cela supposait une forte dose de courage, et était perçu par les autorités en place comme une véritable provocation. Vatican II n'était pas encore dans l'air, loin de là, et le catholicisme était encore très marqué par les formes de dévotion nées au Moyen Âge comme le chapelet, ou mises en honneur par le concile de Trente et la Contre-Réforme, comme l'adoration et la bénédiction du saint sacrement. N'oublions pas que le catholicisme contemporain, tel qu'il se déployait dans les années 50, est né en réaction à la Réforme protestante avec le concile de Trente qui se tint de 1545 à 1563.

La Règle de saint Benoît, qui remonte au VIe siècle, ne connaissait rien de ces derniers développements. Elle était plus jeune d'un millénaire. Elle ne prévoyait pas même, dans le déroulement de la journée monastique, la célébration de la messe ! Sur ce point précis, cependant, Dom Alexis n'avait pas osé aller jusqu'au bout de sa logique. Supprimer la pratique de la messe n'aurait pas été supportable au catholicisme des années 30. Ce n'était pas même pensable. C'eût été par ailleurs se priver d'une source non négligeable de revenus. Dom Alexis avait donc ajouté à la Règle la célébration d'une messe solennelle le dimanche et, tous les matins, celle de messes dites *basses* parce qu'elles n'étaient pas chantées, mais murmurées, par ceux des moines qui avaient été ordonnés prêtres.

On touche ici à un point essentiel du statut de la vie monastique à l'intérieur du christianisme. Le monachisme se situe hors de la structure hiérarchique de l'Église. Théoriquement, on devient diacre, prêtre ou évêque, à la demande de la communauté des fidèles, pour exercer une fonction, un service, c'est-à-dire une *diaconie* au sens étymologique du mot, au sein de cette communauté.

Rien de tel en ce qui concerne le moine.

Sa vocation, il ne la reçoit pas à travers l'appel formulé par une communauté ou par un responsable hiérarchique. Sa vocation est une affaire personnelle entre Dieu et lui. Son choix n'est pas de servir une communauté de fidèles, ni de partir en terre de mission étendre le champ d'influence d'une Église. Il est tout simplement de servir Dieu. La vie monastique est, comme Dom Alexis aimait à le répéter, une *école du service du Seigneur.* A l'origine, non seulement les moines n'étaient ni diacres, ni prêtres, ni évêques, mais selon un adage qu'ils se transmettaient de génération en génération, il leur était vivement recommandé d'éviter les femmes et les évêques, parce que les unes et les autres étaient susceptibles de les ramener vers la société des hommes qui n'avaient pas reçu l'initiation du second baptême. Les moines, par tradition, se méfiaient de l'Église.

Voilà sans doute l'une des raisons pour lesquelles je me suis senti si bien à Boquen. En y entrant, je devenais chrétien certes, mais d'un christianisme extrêmement léger qui ne ressemblait en rien à celui des paroisses que j'avais pu apercevoir en Bretagne.

Tous les jours, après l'office de prime, c'est-à-dire à la première heure du jour, nous nous rendions dans la salle *capitulaire*, c'est-à-dire celle où se lisait un *chapitre* de la Règle. Le père abbé nous en commentait un passage et nous faisait partager la grande connaissance historique qu'il en avait acquise au cours de sa vie. Il y était question avant tout de l'organisation de la vie commune dans ses aspects les plus quotidiens : des heures des offices et des psaumes qu'on devait y chanter, de la mesure en matière de boisson et de nourriture, de la façon de dormir, de l'importance du silence, des qualités requises pour devenir abbé.

Ce n'était que le dimanche que Dom Alexis se sentait dans l'obligation de nous commenter le passage d'Évangile de la messe du jour. Encore se contentait-il souvent de le paraphraser en prenant une voix de tête qui indiquait clairement qu'il quittait le domaine de son véritable intérêt. Nous étions des moines avant tout. Nous étions faits, comme il le rappelait sans cesse, « pour connaître, aimer et servir Dieu ». Un point c'est tout. De Jésus ou du Christ, il n'était guère question.

Dom Alexis n'avait pas eu de mal à me convaincre que notre manière de vivre la Règle, presque à la lettre, était la seule véritablement légitime. J'aimais ces rythmes qui suivaient quotidiennement l'évolution du soleil. J'aimais ces longues nuits d'hiver où, après avoir chanté les vigiles au beau milieu de la nuit, nous ne retournions pas nous coucher, mais nous nous regroupions en silence dans une salle d'étude, le *scriptorium*, où nous nous adonnions à la *lectio divina*, c'est-à-dire à la lecture de textes spirituels, en attendant que les premières lumières de l'aube pointent à l'horizon et nous indiquent l'heure de nous rassembler pour chanter l'office de laudes.

J'aimais cette longue période de jeûne qui commençait aux calendes d'octobre le 14 septembre, et se poursuivait jusqu'à Pâques. Jusqu'au début du carême nous ne prenions plus qu'un seul repas par jour, après none, c'est-à-dire à la neuvième heure du jour dans l'après-midi. Pendant le carême, il était repoussé après vêpres, c'est-à-dire à la tombée du jour. Nous n'étions pas très loin de la pratique du ramadan, à ceci près que les soirées ne donnaient lieu à aucune festivité.

Toutes ces prescriptions n'avaient pas nécessairement une origine religieuse. Dans bien des cas, elles ne faisaient que traduire le mode de vie des paysans de l'Italie du VIe siècle, dans laquelle saint Benoît avait vécu.

A l'époque, faute de lumière artificielle, les

soirées ne se prolongeaient guère. On se couchait après le repas, pris en fin de journée. Celui-ci une fois digéré *(iam digesti surgant)* on ne restait pas indéfiniment sur sa couche. On se levait et on faisait un feu. C'est alors qu'on veillait, dans l'attente du jour : « comme un veilleur attend l'aurore », disait le psaume. La particularité des moines, au temps de saint Benoît, n'était pas de se lever dans la nuit : cela, tout le monde le faisait. Elle était de passer ce temps de veille en attendant l'aurore à chanter des psaumes et à ruminer les quelques œuvres spirituelles disponibles sur parchemin dans leur bibliothèque.

Les commentaires historiques de Dom Alexis sur la Règle me passionnaient car ils étaient très éclairants. Ils n'apportaient cependant pas de réponse à certaines des questions que je me posais. Les pratiques de cette vie ascétique m'intriguaient. Les formes médiévales qu'elles prenaient à Boquen leur donnaient un aspect folklorique. C'était une sorte de bric-à-brac où semblaient se disputer superstition et arbitraire. Pourquoi s'astreindre à un silence quasi perpétuel ? Pourquoi jeûner ? Pourquoi ne pas manger de viande ? Pourquoi dormir sur la dure (et en l'occurrence, tout habillés) ? Pourquoi se priver de toute sexualité ? Pourquoi passer des heures et des heures à chanter des psaumes en latin, indépendamment de toute relation à leur contenu textuel ?

Je ne manquais pas, au cours des heures de formation, d'interroger le père abbé ou le maître des novices à ce sujet, mais leurs réponses ne me satisfaisaient pas. C'étaient, me disaient-ils, des sacrifices qu'il fallait accepter, mais cette notion de sacrifice, tout empreinte d'un christianisme douteux, me semblait suspecte. J'avais du mal à croire à la vertu de la privation pour la privation, à celle de la souffrance pour la souffrance. Je ne voyais pas bien quel rapport cela pouvait avoir avec un Dieu que je n'arrivais pas à concevoir comme un père tyrannique et quelque peu sadique à l'égard de ses enfants. Cela ne cadrait guère avec l'idée que je me faisais de la *Réalité qui a en elle-même sa propre raison d'exister.* Il me semblait que la vie se chargeait suffisamment de nous assurer notre lot d'épreuves pour que nous éprouvions le besoin d'en inventer gratuitement.

C'était la recherche d'un grand bonheur qui m'avait poussé vers la vie monastique, non celle de souffrances inutiles et mesquines.

Quand mes questions se faisaient trop pressantes, on me sortait l'argument massue, l'argument d'autorité. Tout se passait comme cela parce que la Règle en disposait ainsi et que la tradition le voulait ainsi. Après quoi, je n'avais plus qu'à rentrer dans le rang. Inutile de dire que ce type d'argument me laissait insatisfait.

Comme c'est très souvent le cas, un retour à l'étymologie du mot permit un premier éclairage de cette problématique. *Ascèse,* à l'origine, veut dire *exercice.* Voici qui change déjà la situation.

Pour grandir et se développer, dans quelque domaine que ce soit, l'homme a besoin de pratiquer des exercices. C'est la condition *sine qua non* de l'accroissement de sa marge de manœuvre, c'est le passage obligé dans sa conquête d'une véritable liberté. L'enfant qui ne s'exerce pas à marcher ne marchera jamais. L'exercice peut lui paraître périlleux, fastidieux, il n'en est pas moins nécessaire pour franchir une étape dans la conquête de son autonomie. Ainsi devra-t-il s'exercer à parler, s'exercer à lire et à écrire, s'exercer à calculer, s'exercer à penser pour acquérir une certaine liberté.

Nous avons tous pratiqué ainsi une ascèse, à la façon dont M. Jourdain pratiquait la prose : sans nous en apercevoir. Mais cette ascèse-là n'est pas gratuite. Elle est tout orientée vers un résultat. Elle n'est pas cultivée pour elle-même mais pour le bien qu'elle permet d'atteindre.

Si un musicien ne pratique ni exercices ni gammes, il ne deviendra capable ni de faire entendre les multiples nuances de son interprétation d'une œuvre, ni, encore moins, de se livrer à une improvisation dans laquelle il puisse s'exprimer en toute plénitude et liberté.

L'extrême facilité apparente du danseur à retomber en équilibre sur ses pieds, quelques périlleuses qu'aient été les situations de déséquilibre auxquelles il s'est exposé, n'a rien de spontané. C'est le résultat d'une longue ascèse qui ne comporte pas seulement des exercices à la barre mais aussi le renoncement à ce qui peut apparaître pour d'autres des joies essentielles de la vie.

Interpréter l'ascèse non pas en termes de mutilation et de mort, mais en termes de croissance et de vie, voilà qui me semblait ouvrir des perspectives autrement fécondes que l'idéologie du sacrifice. L'ascèse monastique pouvait alors se comprendre comme l'ensemble des exercices utiles et nécessaires à l'homme pour progresser sur la voie de la connaissance unitive du *Fondement divin,* ou, pour parler plus simplement et plus directement, pour devenir un *éveillé :* un être qui, loin de se laisser embourber dans la matérialité des choses, vive la conscience constamment en alerte, attentive à la présence de l'*Un* dans la diversité des êtres, des situations et des choses.

L'ascèse commençait alors à m'apparaître comme un art de vivre et non comme art de se sacrifier et de mourir. L'art de devenir vraiment moine, *monos.* L'art de réaliser à la fois l'unité en moi-même et l'unité avec l'*Un.*

J'eus à ce sujet une sorte d'illumination un jour où je feuilletais un vieux manuel de philosophie. (J'écris *vieux* non par figure de style mais parce que le manuel était nécessairement vieux. En effet, dans sa sagesse, Dom Alexis estimait qu'un livre devait avoir tenu au moins cinquante ans pour prouver son intérêt. Il n'achetait donc jamais de nouveauté et, en ces années 50, ne se procurait que des ouvrages antérieurs au début du XXe siècle. Il était sûr ainsi qu'ils avaient fait leurs preuves !) Je feuilletais donc un vieux manuel de philosophie et j'aperçus l'arbre de Porphyre. Porphyre est un philosophe grec de la fin du IIIe siècle de notre ère qui avait présenté sous forme de branches, à partir d'un tronc commun, les différents niveaux d'organisation de la matière, inerte, végétale, animale et consciente. Cela n'a apparemment rien à voir avec l'ascèse, mais je devais être suffisamment en état d'alerte pour qu'un déclic s'opère dans mon esprit.

L'homme récapitule en effet en lui-même ces différents niveaux d'organisation de la matière, et il les élève jusqu'à ce qu'ils deviennent le support d'une conscience éveillée. L'ascèse m'apparut alors comme la prise en charge, lucide, consciente, de l'accouchement de l'homme en chacun de nous. Elle m'apparut comme la voie de notre hominisation. A chacun des niveaux d'organisation de la matière correspondait en effet une ou plusieurs disciplines ascétiques spécifiques ayant pour but, non de supprimer ce niveau de la réalité, mais bien plutôt de l'intégrer dans une synthèse supérieure.

La finalité n'était pas la mort (aussi glorifiée qu'elle puisse être dans le sacrifice) mais au contraire l'homme, au sommet de ses capacités. L'homme en état d'éveil, le *bouddha*, c'est-à-dire l'*éveillé*.

L'ascèse comme art de l'éveil, l'ascèse comme art de la présence à soi (condition de la présence aux autres et de la présence à l'Autre), voilà qui éclairait la réalité sous un autre jour et permettait une nouvelle lecture de la tradition, avec des critères de jugement et de discernement plus subtils que le seul argument d'autorité qui imposait tout en bloc. Je m'attelais aussitôt à la tâche de cette nouvelle lecture.

Lorsque l'homme meurt, son corps se désagrège. La mort est la victoire en lui de la multiplicité sur l'unité, de la matière inorganique qui reprend son autonomie sur le principe supérieur d'unité qui caractérise la vie. Est *monos* celui qui œuvre en tout pour favoriser ce principe supérieur d'unité.

Lorsque l'homme dort, la vie végétative reprend en lui le dessus sur la vie animale et sociale, qui sont l'une et l'autre comme mises en veilleuse. Le sommeil et la somnolence ne sont pas l'idéal de l'homme qui veut vivre à plein, car il n'est pleinement lui-même que lorsqu'il a retrouvé ses esprits et qu'il est parfaitement éveillé. L'homme qui passerait sa vie dans une perpétuelle somnolence n'aurait pratiquement pas vécu.

Cette constatation ne conduit nullement à la négation du sommeil et à sa suppression. Au contraire, pour jouir à plein de l'état de veille, il faut avoir bien dormi. Le premier précepte de l'ascèse est donc d'apprendre à bien dormir pour pouvoir ensuite être bien éveillé. Mais qui, aujourd'hui, nous apprend à bien dormir ? Pourquoi tant de tranquillisants et de somnifères vendus sinon parce que nous avons perdu l'art du bien dormir ? La première tâche d'une ascèse pour notre temps serait de retrouver les conditions optimales d'un sommeil réparateur et régénérateur. Il est la condition d'un véritable éveil.

Ce thème de l'*éveil* est fondamental dans la plupart des grandes traditions. C'est, comme je l'ai déjà rappelé, le sens même du mot *bouddha.* A plusieurs reprises dans l'Évangile, Jésus recommande à ses disciples de veiller et prier. C'est que la première condition pour prier est d'être éveillé, c'est-à-dire présent à soi-même. C'est aussi la condition de toute vie humaine. Car il n'accomplit pas sa vie d'homme, celui qui n'est pas éveillé et présent à lui-même. Pour vivre le présent, il faut être présent. Cela peut paraître un truisme. Nous avons pourtant trop tendance à l'oublier. L'ascèse monastique est là pour nous le rappeler.

Au cours de l'histoire, l'homme a souvent cherché des substituts à l'ascèse et s'est mis en quête de moyens qui lui permettraient de parvenir à l'éveil sans peine ! C'est ainsi que les Yéménites ont découvert *la plante à faire prier,* que nous consommons encore très abondamment aujourd'hui sous le nom de café. Certaines religions comportaient des rites avec absorption de breuvages sacrés, dont nous pouvons penser qu'ils contenaient certaines de ces substances que nous condamnons globalement sous le nom de drogues. Elles leur ouvraient *les portes de la perception. The Doors.*

L'une des tâches d'une ascèse pour notre temps serait de déterminer dans quelle mesure des stimulants alimentaires ou chimiques peuvent véritablement contribuer à l'approfondissement qualitatif de l'éveil auquel l'homme peut parvenir, sans endommager par des effets secondaires néfastes le support même de sa conscience.

Après la vie végétative, vient la vie animale.

Dès qu'il s'éveille, l'animal se met en mouvement. Le mouvement par lequel il satisfait ses multiples appétits caractérise sa vie, du moins telle que nous la percevons au niveau de notre expérience immédiate. L'ascèse s'intéresse donc aux différents mouvements de l'animal en l'homme. Non pour les nier mais ici encore pour les assumer et les intégrer dans une synthèse supérieure.

Tout d'abord, elle s'intéresse à ce mouvement primordial qu'est la respiration. L'homme respire et sa vie, qui va de son premier à son dernier souffle, correspond adéquatement, ou presque, à sa respiration. A ce titre, celle-ci mériterait déjà une attention que nous ne lui apportons guère. L'inspir et l'expir rythment la communication de l'homme avec l'univers qui l'entoure, lui permettant d'y puiser des forces nouvelles et d'éliminer un air consumé qui l'intoxiquerait. Qui acquiert la maîtrise de son souffle acquiert en outre celle de nombreuses fonctions physiologiques et, pour une part, celle de bien des états psychologiques. Pour être présent à soi-même, il ne suffit pas d'être en état d'éveil, encore faut-il être intérieurement pacifié et détendu, ce à quoi contribue une respiration maîtrisée. C'est pourquoi les grandes traditions orientales accordent une telle importance aux techniques respiratoires. Elles conditionnent l'accès à un niveau de conscience plus élevé.

L'animal respire, l'animal bouge, et l'homme, lorsqu'il ne dort pas, a toujours tendance à remuer : regardez les enfants sur une plage ou dans une cour d'école ! L'ascèse s'intéresse donc au mouvement. Non pour le supprimer, mais pour le charger de sens et le rendre efficace. Lorsque le mouvement se charge de sens et d'efficacité, il devient geste humain. Par le geste, l'homme s'exprime. Par le geste, il va à la rencontre des autres. Par le geste, il transforme le monde. Par le geste, il manifeste sa relation à Dieu.

Apprendre à faire de chaque geste le signe efficace d'une conscience éveillée fait partie de l'ascèse. Dans son travail, dans sa marche, dans sa danse, l'homme doit apprendre la présence au corps qu'il est. Tout geste insignifiant ou inutile n'est que gesticulation et fait partie de l'agitation qui dégrade au lieu de parfaire.

La présence à soi dans le mouvement conduit à la présence à soi dans l'immobilité. Celle-ci n'est pas la négation de celui-là mais plutôt son achèvement, son sommet, le moment de plus grande présence. Nous avons tous à l'esprit l'image du *yogi* immobile dans ses postures de contemplation, ou celle du bouddhiste *zen* en méditation. Nous savons par expérience ce qu'il en coûte de rester immobile. C'est que toute posture immobile n'est pas bonne pour l'homme. Certaines peuvent même lui être très nuisibles. L'ascèse ne consiste pas à rester immobile coûte que coûte, mais à apprendre la posture juste, qu'elle soit assise ou debout, dans le respect d'une verticalité souple qui est repos, et non la résultante de contractions musculaires qui se compensent les unes les autres en démultipliant les douleurs.

Pour illustrer ce propos, Lanza del Vasto prenait l'exemple d'une échelle qu'on s'efforce de dresser. Il faut souvent se mettre à plusieurs pour en soulever l'une des extrémités mais, quand elle atteint la verticalité, il suffit d'un petit doigt de chaque côté pour la maintenir en équilibre. La verticalité, si elle est bien prise, ne requiert aucun effort. L'horizontale étant la posture du repos endormi, la verticale est celle du repos éveillé.

L'animal ne se contente pas de respirer et de remuer. Il part encore à la recherche de sa nourriture pour satisfaire un autre de ses appétits fondamentaux. L'homme aussi doit manger pour vivre et le repas est l'une de ses activités majeures. Rien d'étonnant à ce que l'ascèse s'en soit préoccupée.

En effet, s'il faut apprendre à dormir pour pouvoir veiller, il convient aussi d'apprendre à jeûner pour pouvoir jouir d'un véritable déjeuner. Le jeûne prépare au repas comme à une fête. Notre civilisation de surabondance et de consommation, en banalisant l'acte de manger, nous a fait perdre le sens du jeûne, et dans un certain sens, celui du repas comme fête à la fois sociale et cosmique.

Le jeûne ne doit pas nous faire peur. Il n'est pas privation pour la privation. Il est avant tout mise au repos du système digestif comme le sommeil l'est pour le système nerveux et notre système digestif en a bien besoin, lui que nous sollicitons sans cesse par l'absorption d'aliments qui exigent parfois du corps plus d'énergie pour leur digestion qu'ils ne lui en restituent en fin de parcours.

Par ailleurs, un jeûne un peu prolongé déclenche dans l'organisme un phénomène d'*autolyse* qui consomme les réserves constituées et l'allège ainsi du superflu au profit des organes essentiels à la vie. Le jeûne facilite enfin une forme de désintoxication, véritable nettoyage de tout ce que le corps a pu accumuler d'éléments contraires à son bon fonctionnement.

Ce n'est donc ni par hasard ni par arbitraire que les traditions spirituelles ont attribué au jeûne une valeur purificatrice et l'ont prôné comme retour à l'essentiel. C'est parce qu'il porte en lui-même sur le plan corporel cette double efficacité qu'il est en mesure de la signifier sur le plan spirituel. Nous sommes loin d'une vision dichotomique de l'homme avec le corps dévalué d'un côté et l'esprit exalté de l'autre. Toute l'ascèse est fondée au contraire sur une vision du corps comme signe efficace de la vie intérieure.

Le sommeil n'est pas recherché en soi, mais pour la qualité d'éveil qu'il procure. Le jeûne n'est pas, lui non plus, recherché pour lui-même, mais pour la qualité de relation à la nourriture qu'il engendre. Lui seul permet de découvrir toute la valeur du repas comme communion aux forces du cosmos qui se donnent à partager, et comme communion entre les hommes qui le partagent.

La vision de l'homme propre à l'ascèse est aux antipodes du tube digestif ambulant. D'ailleurs tout se tient : la digestion, pour peu qu'elle soit lourde, entraîne la somnolence et nous éloigne de l'éveil. Rien d'étonnant alors à ce que l'ascèse veille à ce qu'elle soit toujours légère.

Ici vient se greffer une autre problématique. Non plus celle du jeûne, mais celle des nombreuses abstinences qu'on retrouve dans différentes traditions spirituelles. A mon avis, leur signification s'inscrit dans une autre logique. Non pas tant la logique du développement de l'homme considéré en lui-même, que celle de sa place dans l'univers des êtres vivants et des relations qu'il établit avec eux.

Que l'homme se nourrisse de fruits, de graines, d'herbes et de racines peut avoir posé des problèmes à son estomac mais semble n'en avoir jamais posé à sa conscience. Dès qu'il s'agit, par contre, de tuer pour les manger des êtres animés, toute une typologie s'instaure dans les règles alimentaires. Une sorte de hiérarchie est instituée. Il est en effet considéré comme moins grave de manger du poisson que de la volaille, moins grave de manger de la volaille que de la chair de mammifère, et bien sûr moins grave de manger de la chair de mammifère que de manger de la chair humaine. Nous retrouvons ici une progression qui correspond en quelque sorte à un sous-ensemble de l'arbre de Porphyre !

L'utopie sous-jacente à cette tradition voudrait que l'homme vive en paix avec le monde animal et que, hormis le cas de légitime défense, il ne soit pas amené à tuer pour se nourrir. S'il est malgré tout amené à le faire, que ce soit alors en se tournant d'abord vers les formes de vie perçues comme les moins complexes, et donc comme les moins proches de la vie humaine.

Je laisse aux biologistes le soin d'étudier la dentition de l'homme, la capacité et la forme de son estomac (sans panse ni gésier) ainsi que la longueur de son intestin grêle, pour déterminer si l'homme est avant tout, par la structure même de son système digestif, rongeur, granivore, carnivore ou, comme il est plus probable, essentiellement frugivore. Par culture, il est certes devenu omnivore, mais je ne suis pas sûr que nous ayons mesuré toutes les conséquences humaines, écologiques et spirituelles qu'entraîne le fait d'avoir fondé notre civilisation sur des abattoirs et d'avoir institué la tuerie comme passage obligé de notre communion avec les forces du cosmos.

Quand je mange un fruit, je ne tue pas l'arbre qui le porte. Quand je mange de la viande, je me nourris de produits cadavériques. A chacun de choisir. La tradition monastique, elle, sans en faire un absolu (la Règle de saint Benoît, en son chapitre 36, concède l'usage de la viande à ceux des moines qui sont très malades), est végétarienne.

J'en viens maintenant à cet autre appétit fondamental de la vie animale qu'est l'appétit sexuel. C'est dans la dimension sexuelle de sa vie que l'homme peut exprimer au maximum sa présence au corps qu'il est. La sexualité (et je l'entends ici d'une façon très large, qui dépasse la seule génitalité) est l'une des formes privilégiées du langage par lequel il peut corporellement s'exprimer et en particulier exprimer son amour des autres. Elle est aussi une participation active au courant de vie qui traverse le monde. D'où cette dimension mystique qu'elle revêt, mais qui n'est souvent perçue que de façon confuse.

Sur ce point comme sur tous les autres, il importe d'aller vers un maximum de sens. L'homme qui n'a aucun contrôle sur sa sexualité ne peut rien exprimer par elle, ni rien y puiser. Il ne vit pas sa sexualité, il la subit. La tradition chinoise du *Qi Cong* enseigne qu'une continence sexuelle bien orientée peut intensifier la circulation de l'énergie dans tout le corps. La tradition indienne parle aussi de la montée de la *kundalini* à partir du *chakra* situé au niveau des organes sexuels. Quant à la tradition tantrique, elle accorde une place primordiale à certaines formes de sexualité dans la recherche de l'union avec le divin. Ici encore, il ne s'agit donc pas de nier, mais d'optimiser.

C'est sans doute le point sur lequel la tradition s'est le plus obscurcie en Occident. En partie, je pense, à cause de l'extrême importance que le peuple juif devait, pour se survivre, apporter à la procréation, ce qui bannissait toute forme de sexualité qui ne lui soit pas explicitement reliée. En partie aussi à cause des malentendus qu'a pu engendrer le thème, développé dans le christianisme, de la chair opposée à l'esprit.

La dissociation à laquelle nous avons assisté au cours de ces dernières dizaines d'années entre sexualité et procréation (essentiellement par la maîtrise de la fécondation mais aussi par la reconnaissance sociale de l'homosexualité) appelle un renouveau radical de la pensée sur ce point. Ce serait, à n'en pas douter, un chapitre important d'un traité sur une nouvelle ascèse pour notre temps.

Toujours en liaison avec la vie animale, il faudrait encore dire ici quelques mots des ablutions. Sous une forme ou sous une autre, elles sont l'une des constantes de la vie ascétique. Le bain accomplit extérieurement la purification du corps, que le jeûne réalise de façon plus intérieure. On sait la place qu'il occupe en Inde, et nous avons tous à l'esprit de somptueuses images d'ablutions dans le Gange. En Occident, il a été progressivement occulté par le christianisme, pour les mêmes raisons qui avaient amené à jeter un discrédit sur la chair et la sexualité. Quand j'ai suggéré à Dom Alexis l'installation d'une douche dans les locaux de l'abbaye, il s'est emporté contre moi, tant mon propos semblait séditieux, et m'a accusé d'être au moins sous l'influence des francs-maçons !

Pourtant, le bain occupe une place centrale dans le dispositif sacramentel des chrétiens puisque c'est lui qui est chargé de signifier de façon efficace la mort et la résurrection dans la célébration du baptême.

Si l'on considère maintenant le niveau social de la vie humaine, on constate qu'il est caractérisé par des rapports interpersonnels, faits de communication et de dialogue. Loin de s'opposer à la parole, l'ascèse va s'efforcer de la charger de sens et l'empêcher de dégénérer en bavardage. Pour pouvoir parler valablement aux autres hommes, il faut en effet savoir se taire. Celui qui parle sans cesse n'est écouté de personne. Celui qui sait rester longtemps silencieux peut en revanche charger ses paroles de tout le poids de son silence et de son intériorité.

Encore ne suffit-il pas de se taire pour accéder à un véritable silence. Le silence d'une salle d'attente chez le dentiste n'a pas grand-chose à voir avec le silence de moines recueillis dans leur abbatiale. Le premier est chargé d'angoisse et d'agitation mentale, le second est censé être le signe d'une présence qui ne se situe pas *en deçà,* mais *au-delà* de la parole. Lorsqu'une chorale cesse de chanter, le silence qui s'ensuit est si précieux que personne n'ose l'interrompre, pas même pour applaudir. Ce serait comme briser un cristal.

La psalmodie des moines chrétiens (qui possède des équivalents dans les autres traditions) joue sur cette capacité du chant à métamorphoser la parole en silence. Peu importent les mots chantés. A la limite, moins ils sont compréhensibles pour les chanteurs, et moins ils risquent de distraire leur esprit. C'est d'ailleurs pourquoi je crois à la puissance du murmure.

Avec leurs psalmodies, les moines ont inventé la musique répétitive. Placés sur deux rangées de stalles, de part et d'autre du chœur de leur abbatiale, ils se renvoient les versets des psaumes sur des mélodies dont la simplicité ne doit rien à la banalité. Ils la répètent d'un côté puis de l'autre. La vague monte puis redescend puis monte encore et redescend, indéfiniment. Il faut que le chant dure suffisamment longtemps pour que s'opère une sorte d'hypnose collective qui apaise les niveaux inférieurs de la conscience, ceux précisément de l'agitation mentale et de l'angoisse, et libère ainsi les niveaux supérieurs de l'esprit.

Michel Tournier a écrit dans *Les Météores* que « la parole humaine se situe à mi-chemin du mutisme des bêtes et du silence des dieux... ». J'ai souvent médité sur cette phrase. Je n'hésite pas à la sortir de son contexte pour l'appliquer au chemin de l'ascèse qui, du mode d'être animal au mode d'être divin, passe par la plénitude de l'homme.

Que conclure de ces réflexions sur la tradition monastique, sinon que les valeurs qui s'y trouvent exprimées n'ont aucune raison de rester l'apanage d'un petit nombre d'élus et que, bien au contraire, elles font partie du patrimoine commun de l'humanité ?

Il y a plus de vingt ans, j'ai publié un livre intitulé *Libération de l'homme* qui portait, comme l'indiquait son sous-titre, sur « le renouveau des valeurs monastiques ». Ses six chapitres étaient ainsi libellés : libéré des formes ; libéré du mythe ; libéré du sacré ; pour une vie d'homme ; une vie de laïc ; dans un monde urbanisé. J'y soutenais la thèse que la recherche de l'unité de l'être, de l'éveil de la conscience et de l'union avec l'Un, loin d'appeler nécessairement le célibat, la solitude du désert ou au contraire la vie communautaire des cénobites, pouvait se vivre au cœur de la société des hommes, en plein monde urbanisé. J'appelais de mes vœux l'émergence d'un monachisme du XXe siècle (aujourd'hui, je pourrais dire du XXIe siècle), profondément ancré dans la tradition que je viens d'évoquer, mais complètement libéré des institutions et des idéologies héritées des siècles passés.

Une tradition vivante doit savoir maintenir vive la plénitude de son sens à travers l'évolution constante des formes dans lesquelles elle s'exprime.

J'en appelais à l'émergence d'un monachisme invisible.

Transcendance ou incarnation ?

L'astrolabe des mystères de Dieu
c'est l'amour.

(Djalal-Eddine ROUMI)

UN an après ma prise d'habit, mon noviciat étant achevé, j'étais admis à prononcer des vœux temporaires, pour une durée de trois ans. Ce caractère temporaire des premiers vœux n'était pas prévu par la Règle mais imposé, avec sagesse, par le droit de l'Église. Les promesses prévues par la Règle ne correspondent d'ailleurs pas aux trois vœux bien connus de pauvreté, de chasteté et d'obéissance que l'Église a systématisés à partir du XIIIe siècle. Il s'agissait pour le moine de promettre *de stabilitate sua et conversatione morum suorum et oboedientia*, c'est-à-dire de s'engager à vivre de façon stable dans la communauté où il entrait, d'en adopter les mœurs et d'obéir au père abbé légitimement élu par la communauté. Ce qui est plus nuancé.

A partir de mes vœux, au lieu d'avoir le crâne totalement rasé, j'avais le droit de porter une mince couronne de cheveux. Dans les hardes de Boquen, ma barbe rousse mal taillée et cette couronne de cheveux, je donnais l'impression de sortir tout droit de quelque commanderie de Templiers.

Un an encore plus tard, Dom Alexis décidait, la mort dans l'âme, de m'envoyer à Rome pour y suivre un cursus d'études en philosophie et en théologie. Il était très partagé entre le désir de me voir acquérir une solide formation, et la crainte de m'exposer aux mille dangers de la Rome ecclésiastique, qu'il percevait comme une véritable Babylone. Les jeunes moines que je serais amené à côtoyer dans la maison généralice de l'ordre cistercien venaient de monastères bien différents de Boquen. Hors de France, l'Ordre avait en effet considérablement évolué depuis le XIIe siècle et les monastères d'Autriche, d'Allemagne ou d'Italie avaient assumé la charge de grands collèges d'enseignement secondaire, souvent réputés, ou encore celle de nombreuses paroisses. Leur mode de vie s'apparentait plus à celui des ordres religieux enseignants qu'à celui des cisterciens français, et surtout qu'à celui de Boquen qui était, il faut bien le reconnaître, unique en son genre.

Dom Alexis n'avait pas tort d'avoir peur, mais le danger ne vint pas exactement d'où il l'attendait.

J'étais entré à Boquen par soif de Dieu et résonance intérieure avec ce que me proposait la vie monastique. Le christianisme et *a fortiori* le catholicisme n'avaient joué aucun rôle essentiel dans l'histoire. Voici que je me trouvais tout d'un coup transplanté à Rome, au cœur même du catholicisme romain. Pie XII régnait alors sur le trône de Pierre et s'entourait encore de tous les attributs pharaoniques dont la papauté avait hérité des empereurs de Rome (dont on ne doit pas oublier qu'ils avaient été pour un temps les maîtres d'Alexandrie et de l'Égypte). Il portait fièrement la tiare, souvenir de la double couronne de la haute et de la basse Égypte, se déplaçait en *saedia gestatoria,* fauteuil porté sur les épaules de solides gaillards habillés en costumes de la Renaissance et, pour les grands jours de fêtes, était encadré par d'immenses plumes d'autruches que le cinéma a immortalisées dans *Fellini-Roma.*

J'étais inscrit à la faculté pontificale de Saint-Anselme dans la forteresse bénédictine de briques roses qui domine l'Aventin. Tous les cours y étaient donnés en latin. Première difficulté pour moi, qui avais jusqu'alors suivi dans mes études une filière plus scientifique que littéraire. J'appris ainsi le latin comme une langue vivante, ce qui n'était pas pour me déplaire. Au bout d'une année de philosophie, j'obtins le droit de m'inscrire directement à la faculté de théologie.

C'est alors que se produit le choc, le choc de la rencontre avec une certaine vision du christianisme.

L'un de mes professeurs de dogmatique (c'est sous ce titre que ses cours figuraient au programme !) s'appelait Dom Cippriano Vagaggini. Un véritable enchanteur. Il nous ouvrait sur le christianisme des perspectives qui, en ces années d'avant Concile, nous paraissaient très neuves. Pas plus que Dom Alexis il ne s'encombrait du christianisme des derniers siècles. Il pratiquait lui aussi le retour aux sources, aux sources de l'Évangile et des Pères de l'Église. Il connaissait les recherches historiques les plus récentes, n'hésitait à s'appuyer ni sur la théologie mystique des orthodoxes, ni sur la littérature critique des protestants. Il puisait là où bon lui semblait et construisait, à partir de sa propre vision, une synthèse fulgurante.

Pour lui, le christianisme n'était pas avant tout un corps de doctrines auquel il convenait d'adhérer intellectuellement. Ce n'était donc pas une dogmatique, contrairement à l'intitulé même de son cours. L'objectif du christianisme, nous disait-il, n'est pas de nous enseigner ce qu'il faut dire, ce qu'il faut croire, ce qu'il faut penser. Sa préoccupation première n'est pas de faire de nous des *bien-pensants.* Jésus lui-même n'a d'ailleurs laissé que les traces d'un enseignement oral, de type rural, très éloigné du style des cours universitaires. Il n'était pas ce qu'on appellerait aujourd'hui un théologien. Il ne parlait jamais *ex cathedra.*

Son message ne se caractérise pas non plus comme une leçon de morale. Jésus, tel que nous le décrivent les Évangiles, se montrait fort peu préoccupé des justes mais beaucoup plus des pécheurs. Qu'il s'agisse de l'enfant prodigue, du pharisien et du publicain, de la pécheresse qui lui parfumait les pieds ou de celle qui allait être lapidée, c'est toujours la même antimorale qu'il fait prévaloir : non pas le jugement qui emprisonne définitivement dans le passé, selon le code de l'ordre établi, mais bien le pari sur l'avenir de celui qui a toujours en lui-même la capacité de se transfigurer par un changement d'esprit, un retournement, une *metanoïa.*

L'Évangile instituait-il alors une nouvelle religion ? Oui, dans un certain sens, dans la mesure où, par son mode d'être, Jésus a changé la conception que nous pouvions avoir de nos relations avec Dieu, mais certainement pas si l'on entend par religion l'introduction de nouvelles pratiques, l'institution de nouveaux rites, la prescription de dévotions ou l'élaboration d'une législation sacrée.

Il faut d'ailleurs relever que Jésus n'appartient pas au corps sacerdotal très en honneur à l'époque en Israël. Il est ce que nous appellerions aujourd'hui un *laïc* (du grec *laos* qui veut dire peuple). Le drame de ses rapports avec Dieu, ce n'est pas dans un temple qu'il le joue mais bien au cœur de sa vie et surtout de sa mort d'homme, persécuté pour sa fidélité au témoignage qu'il portait dans le monde. Ce n'est que bien plus tard que l'on parlera de *sacrifice*. Il aurait alors fallu ne pas oublier que, si sacrifice il y a, ce n'est pas dans un contexte sacral, sur un autel, qu'il a été offert mais bien dans celui, tout profane, d'une exécution judiciaire.

Jésus n'est donc pas prêtre mais un homme comme les autres. S'il respecte la religion de son peuple (qu'il dit vouloir accomplir et non détruire), il n'en dénonce pas moins avec vigueur les tentations inhérentes aux religions de tous les temps : tentation d'hypocrisie de ceux qui pratiquent une religion pour se faire voir devant les hommes ; tentation de formalisme de ceux qui rabâchent sans fin des prières comme si c'était en parlant beaucoup qu'on se fait mieux entendre de Dieu ; tentation d'évasion de ceux qui croient que c'est en criant *Seigneur, Seigneur !* qu'ils entreront au royaume des cieux ; tentation de sacralisation abusive de certains lieux, de ceux qui ne comprennent pas qu'il convient d'adorer Dieu en esprit et en vérité ; tentation du ritualisme de ceux qui oublient que le sabbat est fait pour l'homme et non l'homme pour le sabbat.

Pour Dom Vagaggini, le christianisme n'était donc affaire ni de dogmes, ni de morale, ni de religion. C'était avant tout une *histoire* au cœur même de l'histoire des hommes dans laquelle Dieu avait choisi de jouer un rôle en s'y incarnant, et à laquelle il nous invitait à prendre une part active. Le christianisme était donc avant tout un devenir, un engagement à agir.

Voici que ma vision du monde basculait.

Jusqu'ici j'avais pensé ma relation à Dieu sur un tout autre modèle. Je croyais me rapprocher de lui en *quittant le monde,* selon l'expression consacrée, en prenant mes distances à l'égard de l'histoire des hommes. En un mot, en me désengageant.

Non que Dieu ait jeté un discrédit moral sur le monde, mais tout simplement parce que sa splendeur éblouissante éclipsait tout le reste. Il était la perle précieuse pour l'acquisition de laquelle j'étais prêt à vendre tous mes biens. Tel était le sens de mon entrée à Boquen. J'avais abandonné mes études, la perspective de me construire une carrière dans la société, de m'assurer des arrières économiques, à cause de mon désir de ne faire qu'un avec Dieu. Ma seule perspective était a-temporelle. Elle était d'accéder dans l'instant présent à l'instant d'éternité de cette réalité qui transcende l'espace et le temps et, par là même, les fonde.

Dans ma hiérarchie des valeurs, l'éveil de la conscience, la présence à soi, l'intériorité, la contemplation, le silence, venaient de loin les premiers. Et voici que je découvrais un christianisme pour lequel Dieu ne se rencontrait pas avant tout dans la solitude intérieure, mais dans l'action concrète à l'égard des hommes les plus démunis. Dieu, en y faisant irruption, avait sacralisé l'histoire des hommes. Son Royaume n'était pas dans quelque *ailleurs* promis aux moines, mais dans ce monde de tous les jours où l'on pouvait le découvrir à condition d'avoir choisi son camp. « Celui qui n'est pas avec moi est contre moi. »

Je n'avais de pensée que pour l'Un, et la bonne nouvelle que l'Évangile, selon son étymologie, était censé m'apporter était que l'Un se trouvait avant tout dans l'éclatement du *multiple !* Le lieu de rendez-vous qu'il proposait n'était pas la solitude du désert mais plutôt la rencontre des hommes. Calcutta plutôt que Boquen !

Le verbe aimer dans l'expression *aimer Dieu* n'avait pas, dans ma vision des choses, une signification très immédiate puisqu'il s'agissait d'aimer l'inaccessible, l'indicible, l'inconcevable. Tous nos mots — y compris le mot *aimer* —, quand ils traitent de Dieu, perdent leur sens commun. L'Évangile, lui, nous ramenait les pieds sur terre et rendait l'amour de Dieu très prosaïque puisqu'il déclarait menteur celui qui prétendait aimer Dieu mais ne commençait pas par aimer son prochain comme lui-même. Pour l'Évangile, ce n'était pas celui qui s'écriait *Seigneur, Seigneur* ! qui s'approchait du Principe divin, mais plutôt celui qui, retroussant ses manches, s'attelait à transformer le monde pour contribuer à le faire accoucher du Royaume de Dieu.

> « Venez, les bénis de mon Père, recevez en héritage le Royaume qui vous a été préparé dès la fondation du monde. Car j'ai eu faim et vous m'avez donné à manger ; j'ai eu soif et vous m'avez donné à boire ; j'étais un étranger, et vous m'avez accueilli ; nu, et vous m'avez vêtu ; malade, et vous m'avez visité ; prisonnier et vous êtes venus me voir.
>
> Alors les justes lui répondront : Seigneur quand nous est-il arrivé de te voir affamé et de te nourrir, assoiffé et de te désaltérer, étranger et de t'accueillir, nu et de te vêtir, malade ou prisonnier et de venir te voir ?
>
> Et le Roi leur fera cette réponse : En vérité je vous le dis, dans la mesure où vous l'avez fait à l'un de ces plus petits de mes frères, c'est à moi que vous l'avez fait (Mt. 25, 34-40).

Les Évangiles sont remplis de telles paraboles dont le sens paraît suffisamment clair. Il ne s'agit pas de fuir l'histoire pour trouver Dieu hors du monde, mais au contraire de s'y incarner pour la transformer.

Mes années romaines allaient être une longue méditation sur cette double logique, en apparence contradictoire, du monachisme d'une part et du christianisme de l'autre, de la recherche de la transcendance d'un côté et de l'incarnation de l'autre. Ce n'était pas pour moi problème purement théorique. Il en allait de la pertinence des choix que j'avais jusqu'alors accomplis. Il en allait du sens de ma vie. Que restait-il, une fois passé au feu de l'Évangile, du monachisme que j'avais choisi au prix de tant de renoncements ?

Cela devait me conduire à rédiger ma thèse de doctorat en théologie sur l'interrogation qui occupait désormais le champ de ma réflexion : *Incarnation ou eschatologie ?* Engagement dans l'histoire des hommes ou fuite du monde ? Plus concrètement, du prêtre-ouvrier ou du moine, lequel a choisi le chemin qui mène véritablement à Dieu ?

Je ne vais pas reprendre ici toutes les pièces du dossier. Il me suffit d'évoquer les conclusions auxquelles j'étais parvenu au terme de ce travail universitaire, conclusions qui n'ont fait que se renforcer en moi au fil des ans.

Avant de les aborder de front, il me semble toutefois nécessaire de réfléchir sur la logique qui sous-tend la question. Comme il arrive souvent lorsque deux termes se heurtent de façon contradictoire, mieux vaut commencer par s'interroger sur la logique qui amène à les opposer de façon irrémédiable plutôt que de poursuivre indéfiniment leur comparaison en exacerbant leurs divergences.

Il peut en effet s'agir d'une logique de complémentarité pour laquelle le développement de l'un des éléments ne peut s'effectuer qu'au détriment de l'autre. Plus il y a de lumière, moins les ténèbres sont épaisses. Si dans un gris il y a plus de blanc, moins il y aura de noir. Une approche superficielle du taoïsme peut donner le sentiment qu'il joue ainsi avec la complémentarité du *yin* et du *yang*. Tout être dans l'univers du multiple est composé de l'un et de l'autre. Plus le *yin* domine et moins de *yang* fait sentir sa présence. Appliqué à notre problème, cela voudrait dire que plus une vie est pleinement incarnée dans l'espace et le temps, moins elle est susceptible d'être ouverte sur la plénitude de la transcendance.

Mais la réalité ne suit pas une logique aussi simpliste. Les taoïstes d'ailleurs, dans leur symbole bien connu du faîte céleste, ont pris soin de faire figurer une pointe de *yin* au cœur du *yang* et une pointe de *yang* au cœur du *yin*, laissant ainsi entendre que la relation de l'un à l'autre est plus subtile que celle d'une pure et simple complémentarité mais qu'elle doit aussi se comprendre en termes de germination de l'un dans l'autre.

Au cours des siècles, d'autres logiques ont été élaborées pour rendre compte des relations de type binaire. Il y a eu la logique du *tiers exclu* d'Aristote. Puis, plus près de nous, la *dialectique* de Hegel qui espère dépasser l'opposition entre la *thèse* et l'*antithèse* en les affrontant dans un rapport de forces conflictuel d'où doit émerger une *synthèse*. Mais ces différentes logiques ne rendent pas pleinement compte de la relation complexe qui s'établit entre forces contraires pour assurer le surgissement puis le développement de la vie.

J'emprunte à Alain Dunand l'idée d'une *trialec-*

tique pour laquelle le tout ne résulte pas de la simple addition de deux forces complémentaires, ni non plus du dépassement violent de leur conflit, mais bien de la *respiration douce* de l'une dans l'autre qui permet à l'une et l'autre de croître simultanément, en devenant l'une par l'autre.

La dualité du *yin* et du *yang* peut aujourd'hui s'exprimer, dans une traduction contemporaine particulièrement suggestive, en termes de *force fusionnelle* et de *force fissionnelle.*

Nous voyons en effet ces deux forces à l'œuvre au sein de l'univers. Car s'il est vrai, selon le modèle le plus couramment admis, que celui-ci est né sous l'effet d'un extraordinaire éclatement, d'une poussée fissionnelle d'une violence extrême, il est non moins vrai que pour rester univers, *universum,* c'est-à-dire *tourné vers l'unité,* il est travaillé par une force, elle aussi étonnamment puissante, qui le maintient dans l'unité d'un seul monde. Forces centripète et centrifuge, gravitationnelle et dissipative, fusionnelle et fissionnelle sont à l'œuvre à tous les niveaux des phénomènes que nous décryptons dans l'infiniment grand comme dans l'infiniment petit, au niveau des particules infra-atomiques comme à celui des galaxies.

Nous les retrouvons encore à l'œuvre dans l'intimité mystérieuse de l'être vivant. Sans force fissionnelle, la cellule originaire n'aurait pas la capacité de se multiplier. Elle resterait repliée sur elle-même s'interdisant ainsi tout développement. Mais sans force fusionnelle qui relie dans l'unité d'un seul organisme les cellules démultipliées par la force fissionnelle, nous n'aurions qu'éclatement et dispersion à l'infini de cellules indépendantes.

Ici, fusion et fission ne s'opposent ni comme deux forces irréductibles, ni comme deux forces en concurrence. Pas même comme deux forces complémentaires dont il suffirait simplement d'assurer l'équilibre statique.

Non, pour que l'une puisse pleinement déployer sa puissance non seulement il n'est pas nécessaire que l'autre diminue la sienne, mais il faut bien au contraire qu'elle l'exerce aussi en plénitude. Plus la gardienne de l'unité se sent en sécurité sur son territoire, et plus elle peut prendre le risque d'y voir se multiplier les cellules qui peuvent ainsi s'organiser dans une complexité croissante, donnant naissance à des formes de vie de plus en plus subtiles. L'homme apparaît alors comme le fruit de cette fécondation de l'unité par la multiplicité, le résultat de cette respiration douce du multiple dans l'un, de cette secrète alchimie de la fusion et de la fission au sein de l'athanor que constitue tout être vivant.

A vrai dire, fusion et fission, ces visages contemporains du *yin* et du *yang*, sont en quelque sorte, pour employer le langage imagé d'Alan Watts, *les deux mains de Dieu* dont l'action conjointe est nécessaire à l'épanouissement du monde.

Ce détour un peu théorique me permet de revenir à ma question initiale : *incarnation ou eschatologie ?* fuite du monde ou insertion dans l'histoire des hommes ?

Je l'ai déjà dit, l'univers est pour moi la manifestation, au niveau des phénomènes, du Réel ultime, du Fondement de tout être. Autrement dit, il est une *épiphanie* de Dieu. Cela vaut tant de sa globalité (espace et temps n'étant alors pas envisagés dans leur déploiement mais perçus dans leur totalité, finie ou indéfinie peu importe) que du moindre de ses instants, de la moindre de ses parcelles. Un grain de sable nécessite, pour exister, d'être informé de l'intérieur par Dieu autant qu'une galaxie. Et, à qui sait le lire, il délivre un message tout aussi signifiant. La nature de Bouddha est dans la poussière du chemin aussi bien que dans la pierre la plus précieuse, et si Jésus nous assure que nos cheveux sont tous comptés, c'est parce que la conscience que Dieu en a est une condition *sine qua non* de leur existence.

Toute réalité déployée dans un lieu de l'espace, à un moment du temps, renvoie ontologiquement à la Réalité qu'elle implique et qui, elle, transcende l'espace et le temps : Réalité qui la fonde dans l'existence et lui confère son sens ultime. A ce premier niveau, il n'y a pas opposition entre le monde créé d'un côté et la transcendance de Dieu de l'autre, mais bien relation, fondatrice dans un sens, épiphanique dans l'autre.

Avec l'homme et les balbutiements de sa conscience, nous changeons de niveau. (Je fais abstraction ici de la conscience dont pourraient être porteurs la matière, comme le laisse entendre Teilhard de Chardin, ou les *électrons-éons* de Jean Charon.)

Par sa conscience, l'homme est à cheval entre

deux mondes. D'un côté il est lié au morcellement de l'espace et au déroulement du temps. Il participe de l'éphémère dans lequel il est inséré. Mais de l'autre, il a la capacité de le dépasser, de penser en catégories d'*ailleurs*, de *passé*, de *futur*. Il parvient même, c'est du moins ma conviction, en certains moments privilégiés de sa vie, à élargir sa conscience à la perception de l'univers dans sa globalité, comme s'il participait alors, même de façon modeste et timide, à la vision que Dieu a du monde.

Cette conscience de la transcendance, loin de dévaloriser celle de l'éphémère, lui confère au contraire une importance et une valeur d'éternité. Chaque instant vécu est le moment, chaque être croisé est le lieu d'un rendez-vous avec le Réel qui les transcende mais que chacun exprime à sa manière. Ils sont donc éminemment précieux.

D'autre part, tout instant du temps étant coactuel à l'instant éternel de Dieu, tout acte que je pose, toute parole que je profère, toute pensée que j'émets, qui ne laisse qu'une trace éphémère dans ma mémoire et *a fortiori* dans celle des autres hommes, imprime une marque éternelle dans la conscience que Dieu en a. A chaque instant je sécrète donc de l'information éternelle.

Le point oméga de la rencontre de l'humanité avec Dieu n'est donc pas situé en avant de nous, en un moment mythique du futur. Il est coactuel à chaque instant que nous vivons, et se déplace comme un curseur sur la ligne du temps. L'idée que l'humanité tend par le progrès vers son achèvement ultime, qu'elle y travaille par la recherche scientifique et technique, par l'élaboration d'une civilisation de la communication, loin de valoriser le travail de l'homme me semble au contraire en dévaloriser tous les moments. En privilégiant un hypothétique point de futur, elle inhibe la conscience que nous pouvons prendre du verso éternel de chaque instant de notre vie.

C'est en effet à chaque instant et en chaque homme, quelle que soit l'évolution de la civilisation à laquelle il appartient, que l'humanité débouche sur l'éternité de Dieu.

Voilà ce que j'entends lorsque Jésus déclare : « Il n'y a rien de caché qui ne devienne manifeste, ni rien de secret qui ne doive être connu et venir au grand jour » (Lc. 8,17). De même que tous nos cheveux sont comptés, de même tous nos sentiments, toutes nos pensées, toutes nos paroles, tous nos actes, sont inscrits à l'encre indélébile dans *le livre de vie* qui n'est autre que la conscience éternelle que Dieu a du monde.

Revenons maintenant aux modalités quotidiennes de notre vie sociale. Nous sommes sollicités de toutes parts, et la pression s'est encore accentuée sur chacun d'entre nous depuis que, par le biais des médias, la planète entière est devenue notre entourage, et que *notre prochain* a pris le visage de multitudes innombrables. Nous risquons vite d'y épuiser nos énergies et d'être vidés de notre substance. (Cela me rappelle un dessin humoristique de Sempé dont tous les personnages, dans les rues de la ville ou les étages des immeubles, se saluaient les uns les autres en se plaignant d'être *crevés !* Être *crevé* semble en effet devenir la condition universelle de l'homme contemporain.)

Mais que vaut la parole d'un *crevé ?* Que vaut l'action d'un *crevé ?* Où trouveront leur puissance et leur signification la parole de celui qui parle et l'action de celui qui agit, sinon dans son intériorité ? sinon dans sa relation roboratrice à la Source qui lui donne d'être, de vivre et de devenir ? « *In ipso enim vivimus, et movemur et sumus* » (Act. 17,28).

Plus je me ressource et mieux je puis agir. L'un n'est pas le contraire de l'autre mais bien sa condition.

Or je n'ai de lieu et de moment pour me brancher sur le Réel qui me fonde qu'*ici et maintenant*, selon l'expression commune aux spirituels de toutes les traditions. Je ne dois surtout pas m'évader de l'instant présent car il est ma seule prise sur l'au-delà du temps. Ma capacité à atteindre la Transcendance est donc à la mesure même de la qualité de ma présence dans l'espace et le temps. Autrement dit, à la mesure de mon incarnation.

L'inverse est également vrai. Je ne contribuerai à métamorphoser le monde et les êtres qui m'entourent, à leur apporter lumière et vie que si je suis moi-même habité par une lumière et une vie qui puisent leur force régénératrice à la source de toute lumière et de toute vie.

En toi est la source de vie
par ta lumière nous verrons la lumière
(Ps. 38,10).

L'action et la contemplation, loin d'être deux sœurs ennemies, s'appellent l'une l'autre pour se féconder mutuellement. Le dehors n'est pas le contraire du dedans. Il en est le verso. Plus le dedans s'ouvre sur la transcendance, mieux le dehors peut se développer à la dimension du monde sans risquer de s'y disperser et de s'y épuiser.

Au sens strict, Dieu est la seule source d'énergie absolument inépuisable, puisqu'elle n'a pas même besoin de se renouveler. Celui qui sait y puiser sa force intérieure ne s'épuisera jamais. Il pourra être économe en gestes et en paroles, car son geste et sa parole seront éminemment signifiants et efficaces.

On rejoint là l'histoire bouddhiste du gros chat qui, sans bouger, par sa seule présence, éloigne les souris à plusieurs lieues à la ronde ! Il ne sert à rien de crier ou de s'agiter pour être efficace. Comme le pensait Maître Eckhart, et comme aimait à le rappeler Raymond Abellio, « ce ne sont pas nos actes qui nous sanctifient, c'est nous qui sanctifions nos actes ». En dernière analyse, c'est la qualité de notre être qui confère leur valeur à nos actes, et non l'inverse.

Ma méditation revient inlassablement à son point de départ : la conviction métaphysique que le monde, tel que nous le connaissons, en appelle à un Dieu qui le crée, non pas en un hypothétique instant zéro de son histoire, mais bien tout au long et en tout instant de sa durée, c'est-à-dire en ce moment même où j'écris ces lignes autant qu'en tout autre. Par conséquent, tout être, mais aussi tout acte et tout événement n'existent dans l'espace et dans le temps que parce que Dieu les pose dans l'existence.

Tel est le *mystère de la création.*

Je n'aurai pas trop de ma vie entière pour en scruter tous les arcanes. Ils contiennent en germe une sorte de *mythe de l'incarnation,* puis que tout phénomène que nous percevons est, du fait même de son existence, une manifestation de Dieu, un signe qu'il nous donne, une parole qu'il nous adresse.

L'univers créé est le véritable livre de la révélation.

Comme tout langage, il nous voile et à la fois nous dévoile sa signification. Il nous voile et nous dévoile le Créateur. Il nous le voile, car si tout dans l'univers créé nous parle de lui, rien ne peut être purement et simplement identifié à lui. Dieu reste irrémédiablement au-delà des portes de la perception. Le monde nous le dévoile cependant, parce qu'à travers le visible, nous pressentons l'invisible qui le fonde, *per visibilia ad invisibilia.*

Dans cette perspective, chacun de nous peut se considérer comme un fils de Dieu. Le fait de la création, s'il correspond à la réalité, engendre la plus radicale et la plus universelle des fraternités. Si je communie avec le Dieu qui ne cesse un seul instant de m'habiter (sous peine de me voir disparaître dans le néant), je communique potentiellement avec la totalité du réel, à travers l'espace comme à travers le temps.

Rien de ce qui est créé ne peut m'être étranger.

Je ne vois en ceci rien qui soit contraire à l'enseignement de Jésus, tel qu'il nous est parvenu. Mais les chrétiens, eux, ne se sont pas contentés d'explorer la largeur et la longueur, la profondeur et la hauteur de ce mystère de la création. Ils lui ont surimposé la conviction, et en ont même fait un dogme, qu'en Jésus, qu'ils appellent Christ, s'est manifestée au monde la plénitude de Dieu, au point que l'on devrait affirmer, selon eux, que cet homme historique est purement et simplement Dieu lui-même.

Un seul Dieu en trois personnes, tel est le dogme de la Trinité. Deux natures, la divine et l'humaine, en une seule personne, tel est le dogme de l'Incarnation. Tels sont les deux dogmes fondateurs du christianisme, qui a consacré ses quatre premiers siècles à les définir de concile en concile, à travers des luttes qui étaient loin de n'être que théologiques.

Entre moi d'une part, fils de Dieu au sens où je l'ai exprimé plus haut, et Jésus d'autre part, Fils de Dieu tel que le définit le dogme des Églises, il n'y a pas seulement différence de *stature* (ce qu'il est très facile d'admettre) mais différence radicale de *statut* ontologique. Dans l'histoire de l'humanité, une telle Incarnation, par définition, ne peut être qu'unique. Et, en toute logique, elle est même unique dans l'histoire des humanités qui peuplent éventuellement d'autres planètes, dans d'autres systèmes solaires au sein des myriades de galaxies qui constituent notre univers.

Par rapport à l'extraordinaire prétention de ce dogme qui déconsidère tous les autres sages, les autres prophètes, les autres messagers, les autres *avatars* de Dieu dans l'histoire, prétention qui, il est bon de le rappeler, est affaire des chrétiens et non de Jésus lui-même, je me sens doublement hérétique.

L'histoire des cinq premiers siècles chrétiens a connu une profusion d'hérésies à ce sujet. Il est très difficile de s'y retrouver. Pour simplifier, je dirais qu'il y avait, en ce qui concerne l'interprétation à donner au phénomène Jésus, deux grands courants, deux grandes écoles symbolisées par Antioche et par Alexandrie, les deux lieux privilégiés de leur élaboration. D'un côté, à Antioche, des hommes comme Nestorius étaient avant tout sensibles à la vie historique de Jésus, à son exemple, à son enseignement, et ne voyaient pas l'intérêt qu'il y avait à identifier sa personne à la deuxième personne de la Trinité, c'est-à-dire à Dieu. Avec bon sens, ils répugnaient à appeler Mère de Dieu (*Theotokos*) Marie qui avait mis au monde l'enfant Jésus. Cela suscita une querelle mémorable dont se mêlèrent les empereurs successifs. Elle valut à Nestorius de mourir en exil.

De l'autre côté, sous l'influence des courants néo-platoniciens qui avaient été très florissants à Alexandrie, les penseurs chrétiens, dans la lignée d'Origène et de Clément d'Alexandrie, avaient développé une théologie du Verbe divin très spéculative. Ils avaient, quant à eux, quelques réticences à identifier celui-ci purement et simplement à la personne historique de Jésus. Ils étaient portés, du coup, à minimiser voire à nier sa nature humaine.

Les conciles successifs jusqu'à ceux d'Éphèse en 431 et de Chalcédoine en 451 s'acharnèrent, à travers des péripéties qui pourraient fournir matière à plus d'un romancier, à renvoyer ces deux approches dos à dos, à décréter les uns et les autres hérétiques et à imposer le dogme de l'unité des deux natures, humaine et divine, en une seule personne qui est, de façon indissociable, celle de Jésus et celle du Verbe divin. Les théologiens durent alors élaborer le concept d'union hypostatique pour rendre compte de ce mystère de deux natures en une seule personne, qui venait ainsi d'être créé de toutes pièces.

Pour ma part, je me sens paradoxalement proche de chacune des deux hérésies qui sont pourtant présentées comme radicalement opposées. Je me sens proche en effet de l'école d'Alexandrie et de sa vision spirituelle du monde. Mais l'enseignement de Jésus tel que je puis le percevoir, à travers les témoignages qui nous en sont parvenus, m'intéresse aussi. Je ne nie nullement que Jésus ait été inspiré par le Verbe de Dieu, mais je ne vois pas pourquoi je serais obligé de professer en lui une unité ontologique qui entraîne avec elle son lot incontournable d'exclusions. Je me sens donc tant nestorien avec Nestorius qu'alexandrin avec la grande tradition d'Alexandrie. C'est à la synthèse littérale des deux, imposée par les conciles, que je me sens incapable d'adhérer. Que je sois donc doublement anathème !

Pourquoi, dans l'histoire de l'humanité, privilégier à ce point la figure de Jésus ? Il est certes l'une des grandes figures spirituelles de ces derniers millénaires, mais pourquoi lui conférer un statut ontologique que l'on refuse aux autres grands inspirés qu'a connus l'humanité ? Pourquoi Jésus plutôt que Lao Tseu ? Pourquoi Jésus plutôt que Siddhârta Gautama, dit le Bouddha ? L'un et l'autre ont été divinisés au cours des siècles lorsque les courants spirituels qu'ils avaient suscités sont devenus des religions.

Je comprends bien que le peuple juif ait eu d'éminentes raisons de se convaincre (et dans toute la mesure du possible de convaincre les autres) que son dieu était le seul vrai Dieu, et par conséquent qu'il était, entre tous les peuples, le peuple élu de Dieu. Il en allait de sa survie politique. Mais ce type de raison ne joue apparemment pas pour Jésus.

Nous pouvons analyser et comprendre les processus qui ont conduit à la formulation du dogme de l'Incarnation, mais avons-nous encore des raisons majeures de nous sentir liés par elle aujourd'hui ? N'est-ce pas faire preuve d'un provincialisme intellectuel qui n'est plus de mise, alors que nous avons désormais un large accès à la connaissance des autres traditions ? N'est-ce pas la marque d'un ethnocentrisme un peu primaire de penser que sa propre tradition est nécessairement la seule à avoir le monopole de la vérité ?

Ce point précis fait surgir une objection d'un

autre ordre : toute religion qui se fonde sur la conviction d'être directement branchée sur la source même de la Vérité, à savoir sur Dieu, toute religion donc qui se fonde sur la conviction d'être *révélée* porte en elle le germe d'un totalitarisme de nature intellectuelle qui se transforme très vite en totalitarisme de nature politique et institutionnelle. Il n'est pas besoin pour cela qu'il y ait complot ou mauvaise foi. Au contraire, le processus est d'autant plus efficace que la conviction fondatrice est plus sincère et authentique !

Pour celui qui se considère comme l'héritier d'un dépôt aussi précieux, aussi sacré que la parole même de Dieu, le premier devoir est de tout faire pour veiller à ce que cet héritage se transmette sans altération de génération en génération. Il est d'exercer la plus grande vigilance pour défendre l'orthodoxie, c'est-à-dire, selon l'étymologie, *l'opinion droite* dont personne ne doit s'écarter sous peine de sacrilège. L'*héritier* sait mieux que quiconque ce qu'il faut penser et ce qu'il faut croire, et paradoxalement son humilité n'est même pas en cause puisqu'il ne détient pas ce savoir de lui-même, mais de Dieu en personne. « Que soient anathèmes tous ceux qui ne pensent pas comme nous ! » s'écrient les évêques dans leurs conciles, convaincus de défendre ainsi la pensée même de Dieu.

Pour assurer la pureté et la pérennité du message, tous les moyens sont bons. Nous sommes ici dans la situation où la surexcellence de la fin (divine) justifie nécessairement le choix des moyens (humains), quels qu'ils soient. Nous en connaissons le florilège : guerres saintes, conversions forcées, mainmise sur les consciences par la confession, séquestrations, tortures, inquisition, bûchers. La certitude d'être, en tant que peuple ou en tant qu'institution, le dépositaire d'une Révélation qui par définition ne peut être qu'unique, la certitude d'avoir ainsi le lourd privilège de détenir le monopole de la vérité est en elle-même porteuse de tous les dangers.

L'Église catholique romaine n'est relativement fréquentable aujourd'hui que parce qu'elle a perdu le pouvoir séculier. Si elle en disposait encore, je n'aurais pas le loisir d'écrire ce livre et, bien que mon *hétérodoxie* d'homme qui met fondamentalement sa confiance dans le Réel ultime puisse paraître bien pâlotte aux yeux d'un rationaliste, il y a belle lurette que je serais en prison, voire jugé et brûlé comme tant de mes prédécesseurs qui ont revendiqué la liberté de penser. Graham Greene remerciait Dieu d'avoir donné à l'Église des hérétiques, car pour lui l'hérésie était précisément synonyme de la liberté de pensée (*cf.* : *Le Monde* du 24 avril 1981). Mais en s'exprimant ainsi, il fleurtait lui aussi avec l'hérésie...

Toute religion révélée contient en elle le germe de son intégrisme. L'islam, le christianisme et le judaïsme ont chacun les leurs, c'est dans la nature même des choses. Cela ne les empêche ni de contenir de véritables perles spirituelles dans leur enseignement, ni d'avoir vu s'épanouir en leur sein de véritables hommes de connaissance et de foi, d'authentiques gnostiques ou mystiques. Le ferme refus d'avaliser les prémices du totalitarisme religieux ne doit pas entraîner une généralisation hâtive et susciter à son tour une intolérance aveugle à tous les aspects des religions ainsi mises en question.

Au siècle dernier, le catholicisme romain a porté jusqu'à la caricature cette prétention au monopole de la vérité avec son dogme de l'infaillibilité pontificale (dont, à vrai dire, il n'est guère en état de faire grand usage aujourd'hui). Mais Alan Watts reproche même au protestantisme, pourtant moins passible de ce type de reproche, de n'avoir pas été jusqu'au bout de sa démarche libératrice en conservant, avec l'enseignement des premiers conciles, le dogme même de l'Incarnation.

Autant le mythe de l'incarnation, tel que je l'ai évoqué, me semble libérateur parce qu'il confère une valeur d'éternité à tout être créé, autant le dogme de l'Incarnation, qui définit une porte étroite, un passage obligé, un pont incontournable (avec évidemment un souverain *pont-ife* qui en tient le péage), me paraît source d'aliénation pour l'homme.

La relation à Dieu ne peut être confisquée ni par un homme, ni par un livre, ni par une institution, ni même par un peuple. Elle est au monde ce qui est le mieux partagé car elle est, sur le plan métaphysique, le fondement même de tout être. La spiritualité, qui en est la prise de conscience, ne peut donc être le privilège exclusif d'aucun groupe constitué, quels que soient ses mérites ou ses références. Elle est, par essence, accessible à tous.

Elle n'est pas pour autant le fait de tous. Toute conscience n'est pas éveillée à la perception de ce qui la fonde, mais dans chaque peuple et à chaque génération, des hommes et des femmes parviennent à des niveaux supérieurs de conscience. Ils accèdent à l'éveil, à la gnose, à la sagesse, à la perception intuitive du Réel.

S'ils l'expriment, ils le font avec les mots, les catégories, les images du milieu auquel ils appartiennent. Ils parlent de l'Indicible avec leurs mots de tous les jours. Ils évoquent l'Inaltérable dans des catégories trop vite altérées. Ils expriment l'Absolu dans des formes qui sont nécessairement relatives. A nous d'être attentifs à ce qu'ils disent, sans pour autant jeter l'anathème sur ceux qui le disent autrement. A nous, selon l'image bien connue, de contempler l'étoile et non de fixer notre regard sur l'index qui la désigne.

Ces éveillés font appel à notre foi, non à notre croyance. La croyance est sourde et aveugle. Elle dégénère très facilement en crédulité (les deux mots ont la même racine). L'homme de foi, au contraire, du moins dans le sens où je l'entends, est celui qui s'ouvre sans cesse au réel, quels que soient les bouleversements que cette approche entraîne dans l'organisation antérieure de sa pensée. Il sait que le réel le dépasse de toutes parts, échappe à l'emprise de tout système, ouvre constamment sur des espaces nouveaux et débouche sur l'inconnu. Mais, fondamentalement, il lui fait confiance. Homme de foi, homme de confiance (nous déclinons ici les mots, à partir de la même racine), il épouse la démarche que Grégoire de Nysse décrit dans sa *Vie de Moïse* sous le nom d'*épectase :*

« Quand l'âme, pour autant qu'elle le peut, est entrée en partage de ses biens, la parole l'attire à nouveau à la participation de sa transcendante beauté par un renoncement, comme si elle n'avait encore aucune part à ces biens. Ainsi, à cause de la transcendance des biens qu'elle découvre toujours à mesure qu'elle progresse, il lui semble toujours n'en être qu'au début de l'ascension. C'est pourquoi la parole répète " lève-toi ! " à celle qui est déjà levée, " Viens ! " à celle qui est déjà venue. A celui qui se lève vraiment, il faudra toujours se lever ; à celui qui court vers le Seigneur, ne manquera jamais un vaste espace.

Ainsi celui qui monte ne s'arrête jamais, allant de commencement en commencement, par des commencements qui n'ont jamais de fin. »

Comme le fait remarquer Alan Watts, l'attitude de foi ainsi décrite est celle même de tout scientifique, qui ne pense jamais enserrer définitivement le réel dans ses modèles et ses équations, et est toujours prêt à y renoncer pour accéder à un principe supérieur d'intelligibilité. *Belief clings but faith lets go :* la croyance s'accroche alors que la foi s'abandonne.

Le vrai maître spirituel est celui qui, loin de vous emprisonner dans son propre mode de pensée, vous conduit sur le chemin de l'éveil à la Réalité qui est déjà présente en vous et dont vous traduirez la perception à votre propre façon.

Le Jésus qui s'exprime dans l'Évangile selon Thomas, développant une pensée qui se trouve aussi dans l'Évangile selon Luc (17,21) est clair sur ce point :

Si ceux qui vous guident vous disent :
voici, le Royaume est dans le ciel,
alors les oiseaux du ciel vous devanceront ;
s'ils vous disent qu'il est dans la mer,
alors les poissons vous devanceront.

Mais le Royaume est le dedans de vous
et il est le dehors de vous.

Quand vous vous connaîtrez,
alors vous serez connus
et vous saurez que c'est vous
les fils du Père-le-Vivant ;

mais s'il vous arrive de ne pas vous connaître,
alors vous êtes dans la pauvreté,
et c'est vous la pauvreté.

(logion 3)

Pour le meilleur ou pour le pire, notre destin spirituel ne se joue nulle part ailleurs qu'en nous-même. Il ne se joue pas dans l'appartenance à une caste, un peuple, une secte, une chapelle ou une Église. Nous ne pouvons pas nous en démettre sur quelqu'un d'autre. Il se joue en chacun de nous. Hors de soi, point de salut ! Tout au plus, pouvons-nous trouver des amis ou des précurseurs qui, en éclaireurs, nous font part de leur expérience. A nous d'en tirer parti, avec discernement.

Dans l'Évangile selon Matthieu, Jésus ne dit pas autre chose :

> « Pour vous, ne vous faites pas appeler *Rabbi*, car vous n'avez qu'un Maître et tous vous êtes des frères. N'appelez personne votre *Père* sur la terre : car vous n'en avez qu'un, le Père céleste. Ne vous faites pas non plus appeler *Docteur :* car vous n'avez qu'un Docteur, le Christ » (Mt. 23,8-10).

Le véritable guide n'est pas à chercher parmi les hommes. Il est au plus profond de chacun d'entre nous. Comme nous le rappellent les Upanisad : *Tat twam asi : tu es cela.*

Peut-être paraîtrai-je ici bien éloigné de mon interrogation de départ : *Incarnation* ou *eschatologie ?* Pourtant, par touches successives, je pense m'être approché de la réponse. Je pense avoir montré qu'il s'agit là d'un faux problème, et que le dilemme ainsi exprimé n'existe que par la manière dont nous en posons les données.

Tout être humain, qu'il le veuille ou non, est localisé dans l'espace et le temps. Son milieu naturel est le tissu relationnel de la société des hommes. En dehors du suicide, il n'y a pas de fuite radicale du monde possible. Même le moine qui s'isole dans le désert définit encore sa solitude par rapport aux autres hommes, et dès qu'il est rejoint par quelques disciples, il constitue un monastère, un *coenobium*, qui reproduit à son échelle tous les rouages d'une société organisée.

Par notre naissance nous sommes des êtres historiques, et c'est au cœur de l'histoire des hommes que notre vie se déroule nécessairement, quel que soit le degré de socialisation de ses modalités pratiques. Nous sommes des êtres incarnés, et le problème n'est pas d'échapper à cette incarnation mais de la vivre jusqu'au bout.

Et le bout, cela consiste à faire émerger sur la planète Terre, à l'intérieur du système solaire, dans la banlieue de la Voie lactée, perdue dans les amoncellements de galaxies, la conscience de ce qui dépasse l'espace et le temps.

Tous ensemble, nous constituons en quelque sorte le cerveau du cosmos, ou plutôt, l'un de ses cerveaux car nous ne sommes pas nécessairement les seuls à assurer cette fonction dans l'univers. Nous servons à dégager de l'information. Nous sommes des postes récepteurs susceptibles d'être branchés sur une longueur d'onde qu'aucune des antennes que nous savons fabriquer à l'heure actuelle ne saurait capter. Nous sommes, si nous acceptons d'en jouer le jeu, les instruments de l'émergence de la conscience au cœur du monde.

En nous branchant sur le Réel ultime, notre rôle est d'illuminer l'histoire à laquelle nous participons.

Si les grandes traditions de l'Orient se chargent de nous rappeler la transcendance de notre être profond, celle que l'Occident a développée à partir de l'enseignement conjugué de ses philosophes, de la Bible et des Évangiles, est avant tout préoccupée de nous rappeler que c'est à travers notre expérience terrestre que sa quête s'accomplit. Plus nous nous ouvrons à la conscience de la transcendance qui nous habite, plus nous sommes amenés à faire rayonner sa lumière et sa vie (certains diront son amour), sur le monde dans lequel nous sommes insérés. Mais simultanément, plus nous nous ouvrons à la connaissance des choses et à l'amour des êtres qui nous entourent, plus nous élargissons nos capacités d'appréhender le Réel et de participer, à la mesure de nos limites, à son œuvre de création.

A ne suivre que la fascination pour l'au-delà du monde, nous risquerions d'oublier la réalité sous prétexte d'atteindre le Réel. L'apport essentiel du christianisme au patrimoine de l'humanité est de nous rappeler que Dieu ne se rencontre qu'au cœur de l'histoire des hommes, et qu'il est impossible de faire un avec Lui si l'on ne travaille pas à l'avènement, sur cette terre et dans cette vie, d'un monde qui soit le reflet de sa lumière transcendante.

Nous n'avons pas à choisir entre Orient et Occident, entre l'éternel et le temps, entre transcendance et incarnation, car notre vocation d'homme est d'apprendre à conjuguer en nous notre double appartenance à la terre et au ciel. Plus profondes seront nos racines terrestres et mieux nous saurons nous ouvrir sans vertige au souffle des cimes. Au souffle de l'Esprit.

Utopie

La Terre appartient à Dieu.
(J. B. Franzoni)

Arrivé à Rome à l'automne 1955, mes débuts universitaires ont accompagné les dernières années du règne de Pie XII. Polarisé par des études qui me passionnaient, menant sur l'Aventin au sein d'une communauté très cosmopolite une vie semi-cloîtrée, j'étais à vrai dire peu conscient de ce qui pouvait se passer derrière les murs du Vatican. Ce n'était vraiment pas mon problème.

Chaque année je rentrais à Boquen pour l'été. Je passais ainsi des moines des villes à ceux des champs. Il y avait un abîme entre leurs modes de vie. Les deux me plaisaient pour des raisons différentes, l'un pour la qualité de son art de vivre, l'autre pour celle de ses échanges intellectuels, mais le va-et-vient de l'un à l'autre exigeait une sérieuse capacité d'adaptation.

En 1958, alors que je m'apprêtais à reprendre le train (on mettait alors vingt-quatre heures pour aller de Paris à Rome), on apprit le décès de Pie XII, survenu le 9 octobre. Cela faisait si longtemps qu'il était pape que la convocation d'un conclave pour élire son successeur prit l'allure d'un événement extraordinaire. Chacun y allait de son phantasme et pronostiquait l'élection du candidat le plus improbable. Il y avait dans l'air une certaine attente d'imprévu, le désir, après un temps d'immobilisme, de se faire quelque peu bousculer.

Il fallait avoir l'imagination fertile et l'espérance chevillée au corps pour s'abandonner encore à de telles rêveries devant le spectacle des cardinaux s'avançant dans la basilique Saint-Pierre. C'était le 24 octobre, jour de l'ouverture du conclave. Pour des raisons mal élucidées, et qui donnaient lieu à diverses interprétations, Pie XII n'avait pas cru bon de procéder à la nomination de nouveaux cardinaux depuis plusieurs années. Leur Collège, de ce fait, était réduit au nombre de 51, et à quelques exceptions près (l'Arménien Agagianian qui avait très belle allure, les cardinaux de Lille et de Montréal qui portaient leur âge avec noblesse et, si je me souviens bien, tranchant par sa jeunesse, le cardinal de Berlin qui était connu comme amateur de football), nous crûmes voir paraître la cour des miracles.

Tout de pourpre vêtus, les cardinaux avançaient à petits pas, l'un s'appuyant sur une canne, l'autre sur son voisin. La plupart étaient bedonnants et de forte complexion. L'un dodelinait de la tête, et l'on se montrait l'autre dont il était de notoriété publique qu'il se teignait les cheveux pour atténuer la marque des ans. Il fallait vraiment croire à la puissance de l'Esprit saint pour penser que de cette assemblée, digne de la caméra de Buñuel ou de Fellini, pouvait sortir un nom qui étonnerait le monde.

Midi et soir nous nous dirigions, par la via della

Conciliazione, jusqu'à la colonnade du Bernin pour scruter la fumée qui sortait rituellement de la cheminée de la chapelle Sixtine. Rome s'était mise à vivre au rythme d'une diastole et d'une systole qui, deux fois par jour, faisaient affluer et refluer une foule bigarrée sur la place Saint-Pierre. J'étais, comme mes collègues cisterciens, vêtu d'une longue tunique blanche et d'un scapulaire noir dont les deux pans, avant et arrière, étaient enserrés à la taille par une large ceinture de toile noire. Les étudiants du Germanicum portaient des tuniques rouges, ceux de la Propagation de la foi des tuniques violettes, les franciscains et les capucins des bures brunes, mais nous portions tous les chapeaux ronds à large bord qui étaient l'apanage commun et obligatoire des ecclésiastiques romains. Quant aux religieuses, elles offraient toute la variété des tenues et des coiffes féminines de l'Europe des siècles passés. Personne parmi nous ne ressentait ces accoutrements comme folkloriques et n'avait même conscience du caractère anachronique de ces tenues vestimentaires qui faisaient partie de notre vie quotidienne.

Je me souviendrai longtemps du silence déconcerté qui, au soir du troisième jour et après onze tours de scrutin, accompagna la proclamation de l'heureux élu. *Habemus Papam,* s'écria le cardinal-diacre du balcon solennel de la basilique qui surplombe la place. Et il annonce l'élection de Giuseppe Roncalli, cardinal archevêque de Venise. On s'attendait à tout, sauf à lui. Même les tailleurs pontificaux, pris au dépourvu, ne disposaient pas, à en croire les rumeurs qui filtrèrent par la suite, de la robe suffisamment ample et courte qui lui convenait !

Dès ses premiers gestes, dès ses premiers mots, l'on sut qu'il allait surprendre, mais nullement à la manière romantique dont nous avions vaguement rêvé d'un beau pape arménien. Pas plus qu'il ne pouvait se glisser dans les tuniques de Pie XII, Jean XXIII ne chercha à se glisser dans son personnage austère et auguste. Il était de ces hommes qui ne se laissent guère impressionner et qui restent imperturbablement eux-mêmes quelles que soient les circonstances. En restant lui-même, il inventa une nouvelle figure de la papauté. Ce bonhomme allait tout simplement révolutionner nos vies...

Le Vatican commençait à devenir intéressant et nous nous pressions volontiers aux cérémonies que Jean XXIII présidait. C'est ainsi que le 25 janvier 1959, pour la fête de la Conversion de saint Paul, nous étions partis jusqu'à Saint-Paul-Hors-les-Murs, l'une des quatre basiliques pontificales de Rome, sur le maître-autel desquelles seul le pape est habilité à célébrer la messe. Nous étions de nombreux moines dans l'assistance, parce que la basilique se trouve servir en même temps d'église abbatiale à un important monastère bénédictin. Nos coules blanches de cisterciens tranchaient parmi les amples coules noires des fils de saint Benoît.

Jean XXIII était pape depuis environ quatre mois. On racontait à son sujet de jolies histoires, à la manière des *Fioretti* de saint François d'Assise. Une fois passé l'étonnement, voire la déception des premiers jours, il avait très vite su se rendre sympathique mais n'avait encore posé aucun acte significatif du cours qu'il entendait donner à son pontificat. Nous n'attendions donc rien de très particulier en nous rendant à Saint-Paul. Juste une fête liturgique et sans doute l'occasion de sortir un peu de notre propre monastère.

Au cours de la célébration, Jean XXIII prend la parole. Un long discours un peu solennel dont la forme, des plus classiques, aurait pu nous endormir, mais dont le contenu, progressivement, provoqua en nous la plus extrême des ébullitions. Sur un ton tranquille, Jean XXIII annonçait qu'il mettait en branle une réforme du droit canon — ce droit qu'on nous enseignait justement comme un canon inamovible de l'Église ! —, qu'il convoquait d'abord un synode du diocèse de Rome — on n'avait pas entendu parler d'une telle entreprise depuis le Ier siècle de l'ère chrétienne ! — et qu'ensuite il inviterait les évêques du monde entier à venir siéger en concile (le dernier remontait à 1870), non pour renouveler le coup de force de l'infaillibilité pontificale mais bien plutôt pour procéder à l'*aggiornamento*, c'est-à-dire à la mise à jour de l'Église. Je ne puis garantir avec le recul du temps que le mot fut prononcé ce jour-là mais s'il ne le fut pas explicitement, il n'allait pas tarder à définir la démarche entreprise.

Je me souviens encore de notre excitation sur le chemin du retour, le long de la via Ostiense, cette route du port d'Ostie rendue célèbre par la conversion que saint Augustin a racontée dans ses *Confessions*. L'institution hiératique de l'Église, que nous pensions à jamais figée, commençait à frémir. Nous ne pouvions imaginer alors de quels ébranlements nous allions être les témoins et même les acteurs, mais nos cœurs juvéniles (j'avais alors vingt-trois ans) étaient déjà remplis d'allégresse. Ils pressentaient le début d'une grande aventure.

Dom Alexis ne m'avait pas formé dans un respect inconditionnel de l'Église. Il m'avait au contraire appris à critiquer ses institutions, telles qu'elles résultent de vingt siècles d'histoire, à la lumière de ses origines. Il m'avait appris à ne pas m'encombrer de pratiques religieuses qu'il jugeait superfétatoires. Cette attitude critique, jusqu'alors suspectée d'hérésie, allait devenir pour un temps, par la grâce d'un vieil homme qui faisait confiance à son bon sens, le nouveau paradigme de l'Église. La bataille s'annonçait rude car déjà les prélats des palais pontificaux, les technocrates des rouages ecclésiastiques, les apparatchiks de la hiérarchie intermédiaire élaboraient de savantes stratégies de sabotage. En dépit de toutes ces résistances, l'heure venait de sonner d'une revanche de l'Évangile sur l'Église qui l'avait trop longtemps confisqué.

Au cours des années qui suivirent cette annonce faite à Saint-Paul-Hors-les-Murs, je me suis lancé dans cette aventure du renouveau radical de l'Église avec la même fougue qui, déjà à dix-huit ans, m'avait conduit vers le cloître. Aujourd'hui il m'est difficile de discerner, dans ma démarche d'alors, la part de la générosité et celle de l'inconscience, mais je dois reconnaître que j'y ai vraiment cru.

Suivant mon tempérament celte un peu fou, je suis plutôt porté à réagir par grands coups de balancier qu'à vivre au rythme lent mais efficace de cette respiration douce dont j'ai parlé plus haut, qui aurait voulu que je n'accepte une *extension* de mon activité extérieure qu'à la mesure de *l'intensification* de ma vie intérieure. « *O insensati Galatae* », écrit déjà saint Paul aux Galates qui, comme la racine de leur nom l'indique (*Gal* comme dans Gaule, dans Galicie ou dans pays de Galles), étaient indubitablement des Celtes. Un grand coup du côté de la Transcendance, et c'est mon entrée dans le Boquen de Dom Alexis. Un grand coup du côté de l'Incarnation, et c'est l'action que j'allais entreprendre, dans la mouvance du concile, pour faire du Boquen nouvelle formule le monastère pilote d'un renouvellement de l'Église.

Retour aux origines, retour à l'Évangile : tel était désormais le mot d'ordre. Sans doute cédions-nous alors à la tentation de faire de l'Évangile une sorte d'absolu, d'oublier que beaucoup de ses prises de position s'enracinent dans la tradition biblique qui, elle-même, puise abondamment dans les cultures qui l'ont précédée, et notamment dans la sagesse égyptienne. Mais il faut comprendre que, dans notre contexte, il était la référence obligée et le seul levier possible de notre libération.

Grâce à l'enseignement de Dom Vagaggini, je savais qu'il ne fallait chercher dans l'Évangile ni un enseignement dogmatique, ni un code de morale, ni une religion constituée, ni, à proprement parler, un programme politique, mais bien (selon l'étymologie du mot où l'on trouve *ange*, c'est-à-dire *messager* et le préfixe *eu* qui veut dire *bon*) un bon message, une bonne nouvelle.

La bonne nouvelle, c'était que l'homme n'est pas définitivement seul dans un univers hostile. La force qui le crée, et qui lui semble aveugle parce qu'il ne la saisit jamais, est en réalité une force attentive. Rien ne lui échappe : le moindre passereau est compté. Exprimée en termes humains, elle est amour, c'est-à-dire bon vouloir, bienveillance, désir de notre joie de vivre.

Le royaume annoncé est d'abord réconciliation de l'homme avec Dieu, libération de toute crainte et donc de toute aliénation religieuse. L'homme peut alors reconnaître en Dieu celui qui fonde sa liberté et lui donne d'être ce qu'il est, « *in ipso enim vivimus, movemur et sumus* » (Act. 17,28). Il est comme un véritable père pour ses fils. Si Jésus parle bien à Dieu comme à son père, il ne revendique là aucun privilège exclusif mais nous encourage au contraire à l'imiter et à nous adresser nous aussi à Dieu comme à notre Père.

Le royaume de Dieu dont il est question, selon la terminologie couramment employée à l'époque, n'est donc pas le règne d'un despote qui assied son autorité en brandissant la menace de mort. Il est au contraire source de vie pour tout être qui veut bien s'y abreuver. Comme le dira Irénée de Lyon deux siècles plus tard, « la gloire de Dieu, c'est que l'homme vive ».

Dans ce royaume, véritable utopie, toute frontière, toute caste, toute ségrégation sont abolies. Il n'y a plus ni Grecs ni juifs, ni hommes ni femmes, ni maîtres ni esclaves (Ga., 3,28). Potentiellement, nous sommes désormais tous *frères*. Des structures de la paternité nous sommes passés à celles de la fraternité.

Désormais, toute sollicitude pour les hommes est déchiffrée comme sollicitude à l'égard de Dieu. L'amour entre les hommes devient le signe efficace, le sacrement par excellence de l'amour de Dieu.

Jésus nous apprend qu'il faut accepter de se perdre pour être libre et se trouver, que le vrai bonheur n'est pas dans la possession mais dans le don, non dans la domination mais dans le service, non dans la destruction mais dans la création, non dans le jugement et la condamnation mais dans le pardon, non dans le paraître mais dans l'être et dans l'action.

Un seul signe est donné pour reconnaître ceux qui font déjà partie de cet incroyable royaume : c'est qu'ils s'aiment les uns les autres, à la manière dont Jésus les a aimés. Leur action efficace sur le monde ne requiert ni richesse, ni puissance, ni moyens spectaculaires : elle est de l'ordre du levain dans la pâte qui doit faire surgir dans le monde divisé et alourdi par tant de haines, de convoitises, d'erreurs et d'inerties, un monde nouveau, animé par la force libératrice et unifiante d'un amour actif et créateur.

Le royaume dont parle l'Évangile, c'est donc l'humanité tout entière, appelée à se rassembler dans l'unité d'un même esprit. Il n'est pour l'heure pas question de l'unité d'une seule institution. Une humanité qui irait jusqu'au partage de tous les biens, en fonction des besoins de chacun. Dans cette perspective, la terre entière est le bien de tous, et personne n'a le droit de se l'approprier à des fins particulières. Les plantes qu'elle nourrit et les animaux qu'elle abrite vivent eux-mêmes dans l'attente d'une récapitulation cosmique dont l'homme est le vecteur conscient.

Le royaume de Dieu dont les premiers chrétiens, à la suite de Jésus, se firent les hérauts, est donc bien la plus grande et la plus merveilleuse des utopies. Une utopie dont l'ambition ne se limite pas à la vie d'un groupuscule, mais prétend transformer les relations des hommes entre eux à l'échelle de l'humanité, ainsi que leur relation avec le monde à l'échelle de la planète Terre. Une utopie qui n'est pas renvoyée à des lendemains qui chantent mais qui peut, dès aujourd'hui, trouver l'amorce de sa réalisation parmi nous. Cela ne dépend que de nous.

Certes, sa mise en œuvre ne peut aller sans crise ni sans affrontements. Trop d'intérêts sont en jeu : ceux des riches, des savants et des puissants, remis en cause par ce message dont les humbles, les pauvres, les déshérités comprennent plus vite et plus facilement qu'il est véritablement la bonne nouvelle qui doit renouveler la face de la terre.

Jésus en est mort sur une croix.

C'est donc loin d'être une voie de facilité, loin d'être une vision lénifiante du monde dans laquelle tout le monde serait beau et gentil. C'est l'exigence toujours renouvelée d'une pénétration des ténèbres par la lumière, d'une subversion de la pesanteur par la grâce, d'une sortie de soi par l'ouverture aux autres, d'une dilution de nos durcissements qui font de nous des grumeaux dans la pâte, d'un lâcher prise de nos crispations, d'une transmutation de nos égoïsmes qui nous permettent de participer à la plénitude du Tout.

C'est l'émergence au cœur du monde du *Plérôme divin*. Ici, transcendance et incarnation ne font décidément plus qu'un.

Il semble que les premiers chrétiens n'aient pas tous perçu le caractère intérieur du royaume qu'ils étaient chargés d'instaurer. Certains d'entre eux vivaient dans l'attente d'un retour spectaculaire de Jésus dans la ligne de la tradition apocalyptique qui était en vogue depuis quelques siècles dans le peuple juif. L'attente s'usa avec les générations. Puis avec la conversion de l'empereur Constantin et l'accession du christianisme au rang de religion d'État, le christianisme institutionnel commença à prendre de plus en plus de distance par rapport aux fulgurances de l'Évangile.

C'est alors, comme je l'ai déjà évoqué, que naquit le monachisme comme substitut initiatique à un christianisme désormais banalisé, et c'est ainsi que se forma une nouvelle utopie, en quelque sorte au second degré, qui ne concernait plus l'ensemble de l'humanité mais seulement quelques élus.

Ce christianisme à double vitesse devait faire couler beaucoup d'encre au cours des siècles. Il prétendait en effet se fonder sur de grands principes, au lieu d'en appeler tout simplement à la liberté de chacun d'entre nous de choisir les formes particulières de son mode de vie. Après tout, nous sommes tous plus ou moins libres de vivre à la campagne ou à la ville, de chercher plus ou moins le commerce des autres hommes, de nous marier ou de rester célibataires ou encore de choisir une autre voie. Tout cela est à vrai dire de l'ordre du relatif et ne conditionne pas nécessairement notre relation à l'Absolu.

Au cours des siècles, cette utopie au second degré a ressenti le besoin de se constituer en théorie. D'abord pour se justifier, puis pour s'ériger officiellement en voie de perfection. Elle s'est alors appuyée sur une analyse des principales sources de l'aliénation des hommes : l'ambition d'acquérir une emprise illimitée sur les autres, la convoitise exacerbée des biens terrestres et, par certains aspects, le désir sexuel.

Le pouvoir, l'argent et le sexe : telle est la trilogie, du moins sur le plan social, de l'aliénation de l'homme. Point par point, elle appelle en réponse le triple dépassement de l'obéissance, de la pauvreté et de la chasteté.

J'ai lu, il y a plus de trente ans, un article du psychanalyste viennois Wilfred Daim que je citerai de mémoire parce qu'il me serait trop difficile d'en retrouver le texte original. Il proposait une métaphore mathématique du caractère spirituel de l'aliénation de l'homme :

Par convention, je me représente moi-même par un point. Je peux, premier cas de figure, être totalement centré sur moi-même. (Des êtres totalement égocentrés, cela existe, nous en avons tous rencontré.) Toute relation que j'établirai avec une réalité extérieure à moi renverra alors à moi-même comme à son centre. Le monde autour de moi deviendra comme un cercle dans lequel je serai enfermé. Aucun des rayons que j'émettrai ne pourra en échapper : tel un boomerang, il reviendra imperturbablement vers moi, son centre.

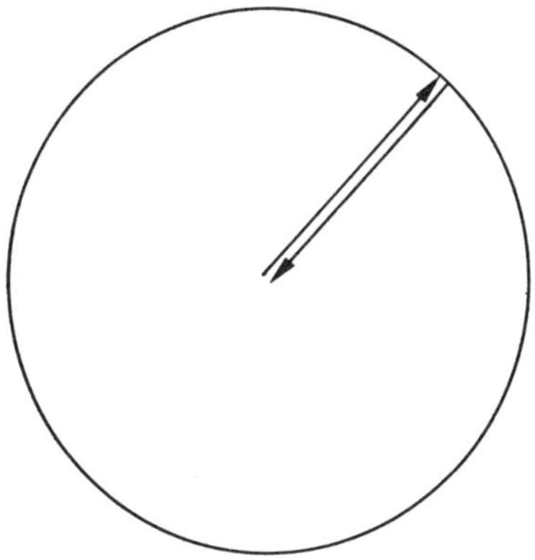

La version latine de la Bible qu'on appelle la Vulgate met dans la bouche du psalmiste un verset que saint Augustin a copieusement commenté, et qui illustre bien cette parabole :

In circuitu impii ambulant (les impies tournent en rond) (Ps. 11,9).

Mais en toute honnêteté, je doute que saint Augustin ou le psalmiste aient eu à l'esprit l'enfermement dans le cercle de Wilfred Daim !

Supposons maintenant, deuxième cas de figure, que je sois assoiffé de pouvoir, de richesse ou obsédé par le désir sexuel. Toute relation que j'établirai avec une réalité extérieure à moi-même renverra imperturbablement à ce second pôle qui polarise mon attention. Celui-ci devient ma seule grille de lecture du monde. Cette fois, le rayon qui part de moi, au lieu de revenir sur moi, se dirigera vers ce second foyer de mon attention. Le monde apparaîtra alors comme une ellipse dans laquelle je me trouverai à nouveau enfermé.

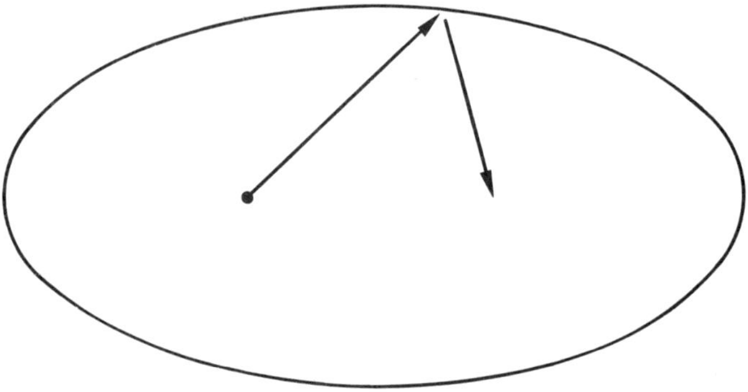

Si je désire échapper à cet enfermement du cercle ou de l'ellipse, il n'existe qu'une solution géométrique : c'est, troisième cas de figure, de choisir l'infini comme second pôle de référence, comme second foyer. On obtient alors une parabole, ouverte à l'infini. Chaque point du réel avec lequel j'entre en relation, au lieu de renvoyer vers moi-même, au lieu de renvoyer vers mon obsession, me renvoie vers l'infini. Je suis enfin sorti de l'aliénation, j'accède ainsi à une liberté qui ne connaît aucune limite, et me permet d'embrasser le monde entier.

Chaque point du réel devient pour moi une fenêtre sur l'infini.

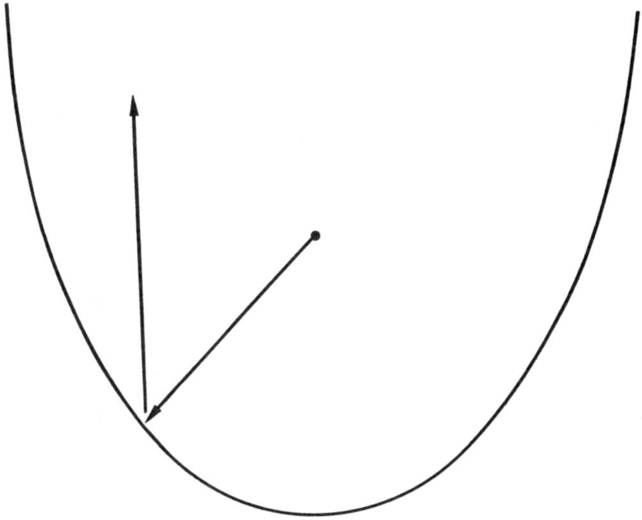

Cette métaphore mathématique permet de comprendre la véritable nature du renoncement. Ce ne sont ni les choses ni les êtres en eux-mêmes qui sont en cause, mais bien le regard que l'on porte sur eux. Si ce regard, au lieu de les opacifier, les rend transparents, si, au lieu de s'arrêter sur eux pour les asservir et se les approprier, il les transfigure et fait émerger leur sens ultime, alors la relation aux êtres et aux choses inverse sa dynamique d'aliénation pour devenir radicale libération.

Bienheureux celui qui renonce à s'approprier

mesquinement des parcelles de ce monde, car le monde entier lui appartient.

Bienheureux celui qui renonce à vouloir imposer sa volonté, ne serait-ce qu'à un seul être, car sa parole retentira de génération en génération.

Bienheureux celui qui renonce à asservir ses partenaires à sa passion, car il pourra, par son amour, révéler les autres à eux-mêmes.

C'est de cette triple conviction qu'est né l'idéal de la vie religieuse. Nous sommes ici, par excellence, dans le domaine de l'esprit. Malheureusement l'esprit ne se prête guère à la mise en conserve dans des institutions. Tous les ordres religieux, sous l'impulsion et grâce au charisme de leurs fondateurs, ont connu des périodes de grandes réalisations spirituelles, mais une fois la première génération passée, les institutions qu'ils avaient créées pour assurer la survie de leur esprit ont, dans la majorité des cas, servi d'éteignoirs. La vie des hommes en société nécessite certes des institutions, et mieux vaut à tout prendre qu'elles soient fondées sur des vues amples plutôt que mesquines. Mais l'esprit, *spiritus*, est de la famille de l'*in-spir* et de l'*ex-spir*, il est de la famille du souffle, et comme chacun sait, il est difficile de mettre un souffle en cage et d'en assurer une longue conservation !

C'est ainsi que la louable intention d'aider les hommes à dépasser l'esprit de puissance a conduit à l'institution du vœu d'obéissance. Il est vrai que le moine qui toute sa vie obéit à son abbé a peu de chances de développer une ambition politique démesurée. Il peut tout de même avoir en secret celle de devenir lui-même un jour le père abbé ! Surtout, sous couvert d'humilité, il peut cultiver le sentiment de son incommensurable supériorité à l'égard du reste de l'humanité. Au nom de l'obéissance, on a surtout formé des générations d'adultes infantiles, bien éloignés de la transcendante liberté des enfants de Dieu. Cependant, pour être parfaitement honnête, il faut reconnaître qu'au cours des siècles, les Jésuites, qui ont poussé la théorie de l'obéissance jusqu'à l'extrême, puisqu'ils l'exigeaient *perinde ac cadaver* (comme celle d'un cadavre), ont formé des générations d'hommes et de femmes de forte trempe.

Aujourd'hui le problème ne se pose plus seulement en termes de formation individuelle. Il est certes toujours nécessaire, mais il n'est plus suffisant, que chacun de nous s'efforce d'inverser son désir de dominer son entourage en préoccupation du bien des autres (*ti voglio bene,* disent les Italiens). Mais, à l'époque des superpuissances, le problème se pose aussi et avant tout en termes de géopolitique. L'utopie, ici, serait de métamorphoser en service, c'est-à-dire en *diaconie* (selon le sens originaire de ce mot), le pouvoir des décideurs, d'obtenir des puissants de ce monde que, par une radicale révolution de leurs modes d'être et de penser, par un retournement, une *metanoïa,* ils deviennent les nouveaux *diacres* de l'humanité.

C'est, de même, dans l'intention de dépasser l'esprit de possession qu'a été institué le vœu de pauvreté. Je dois reconnaître que la vie à Boquen aura été pour moi un sérieux apprentissage dans ce domaine. Ici encore, c'est l'esprit qui compte avant tout. L'attachement aux biens de ce monde ne se mesure pas à l'aune de leur valeur marchande. Des bagatelles peuvent obscurcir le champ de la conscience aussi efficacement que des richesses plus importantes. L'instinct de possession peut aussi se transférer du plan purement personnel à celui de la communauté à laquelle on appartient. La pauvreté institutionnelle ne garantit en rien l'esprit de pauvreté.

Si le travail sur soi reste en ce domaine d'une actualité d'autant plus grande que nous vivons, en Occident, dans une civilisation de l'encombrement, nous ne pouvons pas pour autant ignorer sa dimension planétaire. La Terre n'appartient pas à telle ou telle minorité, même militairement ou économiquement dominante. La Terre et l'ensemble de ses ressources appartiennent à Dieu et donc à l'humanité tout entière. Pour l'avoir rappelé en un texte prophétique, Dom Giovanni Franzoni, jeune abbé de Saint-Paul-Hors-les-Murs, formé comme moi à l'école de Dom Vagaggini sur les bancs de la faculté bénédictine de Saint-Anselme, fut, peu de temps après moi, démis à son tour de toutes ses fonctions.

Pourtant, telle est bien l'utopie que nous inspire l'Évangile : la Terre est le bien de tous les hommes, sans oublier les générations futures.

Le vœu de chasteté, quant à lui, peut paraître plus simple à interpréter, il mérite au contraire d'être examiné de plus près.

Tout d'abord, sur le plan historique, il semble qu'il puisse être considéré comme l'une des premières conquêtes des mouvements féministes du début de notre ère !

Pour les femmes de cette époque en effet, le mariage était une véritable servitude dont pas même le veuvage ne réussissait à les libérer, puisque les différentes législations alors en vigueur prévoyaient qu'elles retombaient sous la coupe de l'un de leurs beaux-frères. C'était l'aliénation assurée à vie. Désirer rester vierge allait donc contre tous les usages en cours, et était considéré comme une subversion de l'ordre établi.

L'un des aspects les plus intéressants du christianisme naissant est sans aucun doute le rôle qu'y ont joué les femmes. Elaine Pagels, dans *Les Évangiles secrets,* a montré qu'il s'en était fallu de peu pour qu'elles l'emportent à la direction de l'Église encore balbutiante sur le groupe des apôtres. Par réaction contre ce péril féminin, les apôtres furent très soucieux, comme on peut le voir à travers les évangiles officiels dont ils supervisèrent la rédaction, d'asseoir solidement leur pouvoir en le faisant remonter à une mission qu'ils auraient reçue de Jésus lui-même. On n'est jamais mieux servi que par soi-même !

Les femmes, regroupées autour de la figure emblématique de Marie-Madeleine, n'ont donc pas réussi à s'assurer le contrôle de l'Église. Les hommes, comme nous pouvons le constater, ont réussi à verrouiller le système pour deux millénaires au moins. Elles sont toutefois parvenues à faire passer dans les faits l'idée de virginité.

Les apôtres, à l'exception sans doute de Jean qu'on nous laisse deviner très différent des autres, étaient des hommes mariés. De ce point de vue, ils étaient parfaitement insérés dans l'ordre ancien. Les premiers évêques qui leur ont succédé étaient aussi des hommes mariés. On leur demandait seulement de n'avoir qu'une seule femme (I Tm. 3,2).

Ce n'est qu'avec les premiers moines que l'idée de célibat est apparue pour les hommes. Pour eux, il s'agissait avant tout d'avoir la paix et de pouvoir vaquer en toute tranquillité à leur recherche de Dieu. Aux jeunes moines d'Égypte ou de Syrie, comme je l'ai déjà rappelé, les anciens recommandaient avec la même urgence de fuir les femmes et les évêques. Les premières parce qu'elles les entraîneraient dans les embarras d'une vie de famille, et les seconds dans ceux d'une paroisse à régenter.

Le célibat des hommes, pour être moins choquant que la virginité des femmes, n'était pas pour autant acquis d'avance. Il faut en effet se rappeler quels étaient en ces temps-là le taux de mortalité infantile et la durée de vie moyenne des citoyens. Un peuple qui voulait survivre devait tout miser sur la procréation. Tant la législation sociale que la morale individuelle étaient dictées par cette préoccupation première : faire suffisamment d'enfants pour que le peuple puisse assurer sa postérité face aux calamités naturelles, et face aux guerres qui opéraient régulièrement de sérieuses saignées. Il n'y avait donc pas une goutte de sperme à perdre ni un utérus à laisser au chômage.

Dans ce contexte général, l'idée d'une sexualité dégagée de ses finalités procréatrices ne pouvait surgir que dans des civilisations extrêmement évoluées, sous la forme par exemple de la tradition tantrique en Inde ou, en Grèce, sous celle d'une homosexualité pédagogique.

En libérant l'homme de la sacro-sainte obligation de procréer, le vœu de chasteté peut donc apparaître, paradoxalement, comme un tout premier pas de l'humanité vers la libération sexuelle dont nous avons pu vivre, en Occident, l'accélération spectaculaire au cours des vingt-cinq dernières années.

Choisir le célibat, c'est choisir un statut social, à l'instar du mariage ou de la polygamie, mais cela laisse entier le problème de la sexualité. Choisir la continence à vie, c'est s'amputer d'une capacité d'expression et, à travers l'être aimé, de communion avec l'univers entier. A supposer cependant que les rêves nocturnes ne viennent, hors d'atteinte de toute culpabilité, en compenser quelque peu la rigueur, en dépit de l'instante prière adressée tous les soirs à Dieu dans l'hymne de complies :

Procul recedant somnia
Et noctium phantasmata
Hostemque nostrum comprime
Ne polluantur corpora

Que les songes et les fantômes
de la nuit s'enfuient loin de nous
Réprimez notre ennemi afin que
nos corps ne soient pas pollués.

Choisir la chasteté par contre, c'est choisir la pureté du regard, c'est entrer dans la logique de notre parabole dont tout point renvoie à l'infini, c'est entrer dans le jeu libérateur de la transfiguration du monde. C'est en effet renoncer à s'asservir, ne serait-ce qu'un seul instant, l'être aimé.

Celui qui sait aimer ainsi, un peu à l'image de l'ange que Pasolini nous a présenté dans *Théorème,* devient un accoucheur d'identité, un révélateur d'eux-mêmes à eux-mêmes pour tous ceux qu'il connaît.

L'utopie des premiers siècles de notre ère a été de lancer à la face du monde d'alors le défi de la virginité et du célibat consacrés. Aujourd'hui, la situation a bien changé. Nous avons conquis la maîtrise de la procréation. Le péril démographique n'est plus celui d'une extinction mais bien celui d'une surpopulation. Après des millénaires d'idéologie de l'interdit et de l'impureté, notre utopie ne devrait-elle pas être d'apprendre à conjuguer dans nos têtes sexualité avec pureté ?

Cette utopie n'a rien à voir avec la licence débridée. Elle suppose un profond travail sur soi auquel la psychanalyse peut dans certains cas contribuer. Elle suppose une mutation des mentalités. Il nous faudra sans doute plusieurs générations pour gommer dans nos têtes les traces d'une sexualité vécue, soit sous le mode de la soumission, soit sous celui de la transgression.

Il s'agit d'une véritable conversion.

Jean XXIII avait donc convoqué le concile Vatican II le 25 janvier 1959. Sa préparation, freinée vigoureusement par l'inertie de la curie romaine, dura trois ans et demi. La première session ouvrit ses travaux le 11 octobre 1962.

Pendant cette période, mes relations avec Dom Alexis étaient devenues houleuses. Plus mon séjour à Rome se prolongeait, plus nous dérivions loin l'un de l'autre. Sa déception était sans aucun doute proportionnée à l'attente démesurée qu'il avait placée en moi.

Lorsqu'en 1953 j'avais frappé à la porte du monastère pour y solliciter mon admission, Boquen, dix-sept ans après sa refondation par Dom Alexis, ne comptait toujours qu'une petite dizaine de moines. Cette situation évoquait celle de Cîteaux à la fin du XIe siècle, avant l'arrivée comme novice de celui qui devait devenir saint Bernard. Dom Alexis, à l'instar des fondateurs de Cîteaux Robert de Molesme et Stephan Harding, était revenu dans des circonstances difficiles à une pratique aussi littérale que possible de la *Règle des moines* de saint Benoît. Les années passaient et il ne pouvait s'empêcher d'attendre que l'histoire, sur d'autres points aussi, se répète et qu'arrive un jour une jeune recrue qui donnerait un élan décisif à la réforme entreprise. Ce fut le cas de Bernard de Clairvaux, à l'aube du XIIe siècle. Dom Alexis crut un moment que cela pourrait être le mien, huit siècles et demi plus tard

C'est de cette espérance un peu folle que me vient le nom de Bernard que je porte encore aujourd'hui. Cela ne facilitait guère nos rapports, car l'image de Bernard de Clairvaux, dans un sens ou dans l'autre, interférait constamment entre nous.

Je ne raconterai pas ici, car cela ne revêt qu'un intérêt anecdotique, l'épisode rocambolesque qui devait marquer mes vingt-cinq ans (l'âge précisément où l'autre Bernard fonda Clairvaux). Je venais d'obtenir ma licence en théologie et l'abbé général des Cisterciens, Dom Sighard Kleiner, persuadé d'agir en plein accord avec Dom Alexis, me confia la mission d'étudier la possibilité pour l'ordre cistercien de récupérer précisément la vénérable abbaye de Clairvaux d'où saint Bernard rayonna sur son siècle, abbaye malencontreusement transformée en centrale pénitentiaire depuis Napoléon.

Je crus à mon tour que mon destin était de retracer au XXe siècle les chemins parcourus autrefois par saint Bernard. Présomption qui aurait été d'une immense vanité spirituelle si elle n'avait été tempérée de beaucoup de naïveté. Chargé d'imaginer l'implantation d'une petite communauté à Clairvaux, j'entendais mener l'opération à ma façon. Non à la façon dont le père Alexis la rêvait depuis de nombreuses années.

Cela nous valut une brouille mémorable, l'interruption de tous mes projets à Clairvaux, un retour forcé à Boquen où, contre toute attente, il me constitua une première fois prieur de la communauté, pour aboutir en bout de course à une rupture plus radicale encore. Celle-ci me ramena à Rome pour travailler à l'élaboration de ma thèse de doctorat en théologie et, par la même occasion, pour vivre de façon fortuite dans l'entourage du concile Vatican II dont on attendait l'imminente ouverture.

C'est ainsi que je devins le conseiller théologique de Mgr Huyghe, évêque d'Arras, et de quelques autres évêques belges et français et que je fus amené à jouer un rôle non négligeable dans la rédaction du décret *Perfectae caritatis* sur l'adaptation et la rénovation de la vie religieuse. C'est de cette époque que date l'ouvrage collectif *Les Religieux aujourd'hui et demain* dont j'avais dirigé la rédaction et dont les conclusions préfiguraient en partie le texte conciliaire.

J'étais toujours moine de Boquen, car les péripéties de mes relations avec Dom Alexis n'avaient pas altéré l'engagement que j'avais pris, lors de mes vœux solennels, d'appartenir de façon stable à cette communauté originale, et je répugnais à l'idée d'envisager une affiliation à un autre monastère ou à un autre ordre.

C'est ainsi qu'en octobre 1964, alors que les évêques affluaient de nouveau à Rome pour une troisième et dernière session du Concile, Dom Alexis me rappela à Boquen pour me nommer une nouvelle fois prieur de la communauté. Il venait d'être frappé par une congestion cérébrale, restait paralysé et se savait condamné à ne jamais revenir vivre à l'abbaye. Il allait avoir quatre-vingt-un ans, j'en avais vingt-neuf.

Je me retrouvai donc à la tête d'une petite communauté, impatient de mettre en œuvre les idées pour lesquelles j'avais œuvré dans les coulisses du Concile.

S'adressant aux moines, le décret conciliaire sur

la vie religieuse déclarait : « Sauvegardant le caractère particulier de leur propre institution, qu'ils renouvellent leurs antiques traditions de bienfaisance et les adaptent aux nécessités actuelles des âmes de sorte que les monastères jouent un rôle de pilotes dans la construction du peuple chrétien. »

Le texte original ne comporte évidemment pas le mot *pilote,* dont j'ignore d'ailleurs comment il pourrait se dire en latin. Mais sous la phraséologie utilisée, *seminaria populi christiani,* le concept se trouve exprimé. En effet *seminaria,* bien plus que notre mot français *séminaire,* évoque le germe de vie *semen,* avec son dynamisme créateur. Il désigne donc des *pépinières,* des *germoirs,* autrement dit, en changeant de registre métaphorique, des maisons pilotes. En outre, loin de laisser les monastères dans leur splendide isolement, le texte les place au cœur du peuple chrétien.

Je m'étais activement employé à ce que cette double idée figure dans ce texte revêtu de l'autorité conciliaire. J'avais maintenant l'occasion de la mettre en œuvre dans le cadre de la petite communauté dont je devenais le prieur.

Au cours des dix années que dura l'expérience, Boquen devint une sorte de laboratoire en utopie. L'institution y était si légère que tout y semblait possible. « Tu souffles dans un ballon gonflable », me disait Olivier du Roy, abbé de l'énorme monastère de Maredsous en Belgique, qui estimait avoir en comparaison à souffler dans un véritable ballon de football. Il me mettait en garde contre une explosion au moindre incident, alors qu'il pensait pouvoir faire œuvre plus durable. Sa prédiction à mon sujet ne tarda pas à se réaliser, mais contrairement à son attente, il n'eut pas beaucoup plus de temps que moi pour réformer son monastère : sa démission suivit la mienne plus rapidement qu'il ne l'avait prévu.

Le Boquen de Dom Alexis avait été une sorte d'enclave d'un autre temps dans le monde contemporain. Sous mon impulsion, le Boquen de la fin des années 60 continuait à être une enclave, mais cette fois par anticipation, dans une Église lente à se mettre en mouvement. Pour certains de ses habitués, c'était devenu un petit coin de paradis. Nombreux sont les amis qui, aujourd'hui encore, en gardent la nostalgie.

L'idée d'une communauté définie par des règles strictes et enfermée dans sa clôture cédait peu à peu le pas à celle d'une *communion* s'inspirant de la *koinonia* de l'Église primitive. Le monastère attirait à lui des hommes et des femmes assoiffés d'authenticité, mais ils n'y bâtissaient pas leur tente. Ils repartaient aux quatre coins du monde et rayonnaient ainsi vers l'extérieur. Force centripète et force centrifuge se conjuguaient parfaitement dans une *trialectique* dont nous ignorions alors jusqu'au nom. De plus en plus nombreux étaient les chrétiens qui, se sentant mal à l'aise dans les structures paroissiales traditionnelles, reconnaissaient en Boquen le lieu médiateur de leur insertion dans l'Église universelle. De mois en mois, Boquen devenait le cœur d'une sorte de paroisse extraterritoriale qui réunissait des hommes et des femmes de tous les horizons, rassemblés non par la force contraignante de quelque loi, mais par le partage d'un même esprit.

Ainsi naissait ce qui devait s'appeler *la communion de Boquen.*

L'expression, à elle seule, était tout un programme et rarement mot eut une telle efficacité pour contribuer à la réalisation de ce qu'il signifiait. Tout notre projet s'exprimait par lui et s'accomplissait en lui. Notre ambition était de vivre une *communion.*

Pour nous, avant d'être le décompte statistique des baptisés (à ce compte, les chrétiens sont effectivement nombreux dans le monde), l'Église était la communion de tous ceux qui partageaient l'esprit prôné par l'Évangile, la communion de tous ceux dont la vie s'efforçait d'être avant tout une épiphanie vivificatrice de la présence de Dieu au milieu des hommes. Certes, ses frontières devenaient plus floues sur le plan social car elles ne se définissaient plus ni par des registres paroissiaux ni par des anathèmes ou des excommunications, mais sa réalité immatérielle se faisait comme palpable à tous ceux qui en approchaient.

Quand l'existence de la communion de Boquen fut remise en question par décision hiérarchique, il fallut commencer à en élaborer la théorie. C'est alors que je rédigeai *Clefs pour une nouvelle Église* pour expliciter le concept de communion. Plus tard, avec Bernard Schreiner, je m'efforçai d'illustrer, dans *Les Communautés de base,* le passage que nous souhaitions voir s'accomplir dans l'Église, du savoir (dogmatique) à la recherche, du paternel (hiérarchique) au fraternel et du charitable (individuel) au politique.

L'utopie à laquelle aspirait la communion de Boquen, sur fond d'utopie évangélique, s'exprimait alors dans un programme en trois points : *pour un christianisme critique, lyrique et politique.*

Critique, parce que nous estimions que la première preuve de respect que le chrétien doit avoir à l'égard de sa foi est de la dégager de toute crédulité par une saine attitude critique.

Lyrique, parce qu'il nous semblait que pour illuminer nos vies et éclairer l'humanité, l'affirmation de la foi en un monde nouveau dans lequel il n'y a plus ni homme ni femme, ni Grec ni juif, ni maître ni esclave doit déboucher sur la fête de son anticipation. Il faut, ne serait-ce que symboliquement, le donner à voir, à toucher, à sentir. Toutes les forces créatrices doivent être de la fête pour annoncer la mutation du monde.

Politique enfin, parce qu'il nous semblait qu'il ne suffisait pas au christianisme d'assurer sa propre critique par une saine théologie, ni d'affirmer la force de son propre projet par l'explosion lyrique de grandes fêtes liturgiques, mais qu'il fallait encore qu'il informe de l'intérieur la vie du monde. L'utopie évangélique risque de se vider de son sens si elle ne prend pas une dimension planétaire, mais comment pourrait-elle y parvenir si elle ne provoque pas une *subversion* de l'ordre politique dans lequel le monde risque, soit d'exploser, soit de s'asphyxier ?

Ce programme servit de plate-forme au grand rassemblement des *chrétiens en recherche*, qui eut lieu à Rennes au début du mois de juin 1972. Pierre Debray avait organisé une contre-manifestation en convoquant un rassemblement des chrétiens conservateurs de l'*Église du silence.*

En fait de silence, tout cela devenait trop bruyant à mon goût.

Plus les assemblées devenaient nombreuses, et plus le discours proprement politique prenait le dessus. Je reste, certes, convaincu qu'il constitue l'une des composantes essentielles d'un projet de type évangélique sur le monde et de ce point de vue, je me suis toujours senti proche des *théologiens de la libération.* Mais c'est à condition qu'il soit nourri de l'intérieur par une vision d'essence spirituelle, et qu'il s'accompagne du détachement que taoïstes et hindouistes réclament à l'égard du fruit de toute action :

Le saint agit sans rien attendre,
accomplit son œuvre sans s'y attacher
et ne veut pas montrer son mérite.
(Lao Tseu, LXXVII)

Agis l'acte à agir sans t'attacher à l'acte et en renonçant aux fruits de l'acte. Alors tu verras Dieu se substituer à toi dans le déterminisme de ton destin (Bhagavad-gîtâ).

Il ne sert pas à grand-chose de prêcher un christianisme désincarné de la réalité politique dans laquelle vit concrètement l'humanité, mais il ne sert à rien non plus de perdre son âme dans un combat purement politique, où l'ambition du pouvoir reprend le pas sur celle de faire émerger sur la planète la fraternité universelle des enfants de Dieu. En ce point plus qu'en tout autre se fait sentir l'impérieuse nécessité de cette respiration douce de l'action dans la contemplation, de la vision intérieure (*insight,* comme disent les Anglais) au cœur de l'engagement extérieur, respiration qui est par excellence l'art royal de la transfiguration du monde.

En 1972, j'étais pour ma part déjà rongé par le doute, plongé dans un tourment intérieur, désireux de me désengager d'un engrenage qui m'amenait à jouer un rôle pour lequel je n'étais pas préparé, et qu'il m'était de plus en plus difficile d'habiter de l'intérieur. Ce décalage me faisait souffrir au point de devenir intolérable. Si j'avais une idéologie, c'était celle de l'honnêteté intellectuelle et de l'authenticité. J'avais besoin de me retrouver face à moi-même et d'affronter mes propres contradictions.

L'heure de se retirer approchait.

Mystagogie

Votre Père sait bien ce qu'il vous faut, avant que vous le lui demandiez

(MATTHIEU 6,7-8)

JEUNE moine, je harcelais mes maîtres de questions au sujet de la prière. J'aurais aimé qu'on m'en explique les mécanismes métaphysiques. Je lisais tous les ouvrages que le maître des novices me recommandait sur le sujet, mais n'obtenais jamais la réponse attendue. Importuné par mon insistance, il me répondit un jour que je n'avais qu'à écrire moi-même ce livre introuvable. J'ai donc poursuivi ma réflexion en solitaire et n'ai, au cours des ans, que très rarement croisé des théologiens ou des philosophes qui aient abordé le problème sous l'angle qui me préoccupait.

Ma difficulté à l'égard de la prière ne provenait ni d'un manque de confiance en Dieu, comme il arrive parfois, ni de la conviction un peu naïve que nos petits problèmes ne peuvent guère l'intéresser. Non, ma difficulté venait de ma conscience aiguë de l'immanence métaphysique de Dieu au cœur de tout être. Si j'existe, c'est que Dieu me pose dans l'existence. Si je pense, si je parle, si j'agis, c'est que Dieu, au niveau métaphysique, c'est-à-dire à un niveau qui échappe totalement à ma perception, me donne de penser, d'agir ou de parler.

Si donc c'est Dieu qui me donne de parler, comment imaginer qu'il ait besoin de mes paroles pour savoir ce que je pense ou ce que je désire ? Sur ce point, Jésus est d'ailleurs explicite :

> « Dans vos prières, ne rabâchez pas comme les païens : ils s'imaginent qu'en parlant beaucoup ils se feront mieux écouter. N'allez pas faire comme eux ; car votre Père sait bien ce qu'il vous faut, avant que vous le lui demandiez. »

Ce n'est pas par la parole que je communique avec Dieu, mais par mon être.

Chacun d'entre nous est doublement parole. Nous sommes d'une part une parole que Dieu adresse au monde mais d'autre part, ce que nous faisons de nos vies devient à son tour une parole que nous adressons à Dieu. Tout cela se passe au niveau de l'être, sans qu'il y ait besoin que la moindre parole soit prononcée ni même pensée.

L'omniprésence métaphysique de Dieu rend vaine toute expression humaine d'une prière. Si, par ma prière, je m'efforce de lui dire ce que je ressens et où j'en suis de ma vie, mon geste est totalement superflu car il est déjà parfaitement au courant. De toute éternité. Si, en plus, ma prière est plus ou moins mensongère, plus ou moins dictée par mon désir de me faire mon propre cinéma ou encore de me faire remarquer aux yeux des hommes, alors elle est doublement superflue, car aucune supercherie n'est possible à l'égard de Dieu qui est plus présent à nous-mêmes que nous-mêmes et qui sait, métaphysiquement, à quoi s'en tenir à notre sujet.

Dans un de ses livres, Maria Winowska rapporte ce propos d'une mystique polonaise dont j'aurais dû ne pas oublier le nom, puisqu'elle est la première chez qui j'ai retrouvé cette perception existentielle qui m'a tourmenté pendant tant d'années : « Je suis si consciente de l'omniscience de Dieu », disait-elle en substance, « que je ne parviens plus à prier. »

J'en reste convaincu : dans notre relation à Dieu, la prière, sous quelque forme que ce soit, silencieuse ou parlée, solitaire ou collective, est totalement superflue. Dieu n'en n'a aucun besoin. Nous communiquons avec lui par cela même que nous sommes. C'est infiniment plus exigeant que l'observation d'un rite ou la récitation d'une litanie. Cela ne tolère aucune échappatoire. En ce sens très profond, on peut dire, à la manière des manuels de dévotion, mais nullement dans leur perspective, que « notre vie tout entière est une prière ». Mais en l'occurrence, il s'agit d'une prière qui se passe de tout mot et de toute formule.

Ce n'est donc pas dans notre relation à Dieu qu'il faut chercher la raison que nous avons, malgré tout, de prier. C'est, beaucoup plus prosaïquement, dans notre manière de fonctionner en tant qu'hommes. Nous sommes en effet structurés sur le mode de *signes efficaces.* Les théologiens ont élaboré ce concept pour rendre compte de la nature des sacrements chrétiens, mais s'il est valable dans ce cas particulier, c'est parce qu'il régit de manière très générale l'ensemble de l'activité humaine.

Dans sa manière d'être au monde, l'homme exprime ce qu'il est, et l'expression qu'il en donne contribue à son tour à le faire devenir encore davantage ce qu'il dit être. Il y a là un cercle vertueux.

Cela vaut pour tout ce qui touche à sa vie : sa parole bien sûr, mais aussi son vêtement, sa coiffure, son habitat, son mode de vie, sans parler bien sûr de son art sous toutes ses formes. Je n'oublie certes pas le dicton populaire selon lequel « l'habit ne fait pas le moine... » mais il y contribue tout de même très efficacement : d'où l'importance de l'uniforme, non seulement dans les clergés des différentes religions, mais encore dans tous les grands corps de la société comme l'armée, la police, la justice ou encore la médecine. Le costume proclame à tous le rôle que vous êtes censé jouer dans la société, et il vous entraîne moralement à vous comporter selon l'image ainsi induite, car elle suscite une attente de la part des autres à votre égard. Tout écart de votre part est ressenti comme une infraction.

Cela ne vaut d'ailleurs pas seulement pour les uniformes strictement codifiés. Cela vaut aussi pour la manière dont chacun de nous choisit de se coiffer ou de se vêtir dans les différentes circonstances de la vie. Y compris s'il choisit le non-conformisme, car c'est alors celui-ci qui est exprimé, et par là même en partie réalisé. Quand j'ai commencé à exercer un emploi dans la société, j'ai mis un certain temps à me résigner au port de la cravate. Mes chemises indiennes étaient le signe efficace de la continuité que je voulais maintenir avec ma vie tant de moine que de contestataire. Le refus de la cravate était le signe de ma revendication à une certaine différence. Puis est venu le temps où cela m'est apparu comme trop secondaire pour que j'y attache de l'importance. J'ai donc finalement opté pour la cravate et ce signe, aussi minime soit-il, n'est pas resté sans efficacité : il a marqué une nouvelle étape dans mon intégration sociale !

Mais revenons à la prière.

Pour devenir ce que je suis, j'ai besoin de l'exprimer, j'ai besoin de le dire, ne serait-ce qu'au plus profond de moi-même. Un sentiment qui ne s'exprime jamais (ni par une parole, ni par un geste, ni par une action) finit par s'étioler et par disparaître. Pour se développer, il a besoin d'être nourri par sa propre expression.

Il en va de même pour la pensée. J'en prends une conscience renouvelée en écrivant ce livre. En les exprimant, je ravive en moi des convictions qui, faute de se formuler, finiraient par s'évanouir. La mémoire elle-même a besoin de commémorations. D'où la nécessité, et pas seulement dans le domaine de la prière, de la répétition et du rite qui structurent tous les aspects de notre vie sociale.

Si nous prions, ce n'est donc pas pour informer Dieu sur notre sort. Encore moins pour essayer de l'influencer et obtenir de lui qu'il change d'avis ! Cela ne ferait strictement aucun sens sur le plan métaphysique.

Non, si je prie, c'est avant tout pour me rappeler à moi-même ce que je voudrais être et, avivant ainsi ma conscience, le devenir effectivement un peu plus, un peu mieux. Si je prie, c'est avant tout pour actualiser en moi, par le pouvoir efficace des signes que je pose, leur signification. C'est pour me transformer moi-même. Pour me libérer de l'agitation mentale qui brouille mon écoute intérieure. Pour me débarrasser de tous les parasites locaux que j'engendre moi-même et me régler sur la longueur d'onde de Dieu.

Dans *Intériorité et engagement*, Marcel Légaut propose une prière qui exprime à la perfection toutes ces nuances. Il l'introduit en ces termes :

Parler à Dieu
c'est se parler à soi-même avec des paroles vraies.

Entendre Dieu,
c'est s'entendre soi-même dire des paroles vraies.

On ne peut être plus clair sur le fait qu'il s'agit avant tout d'une affaire de l'homme avec lui-même, dans un effort de lucidité personnelle qui le met à nu devant lui-même. Dieu n'en est le partenaire qu'au second degré.

Dans cette logique, sa prière ne s'adresse pas à un *Tu* divin, encore que ce subterfuge psychologique n'est nullement à exclure, s'il est pédagogiquement efficace. Elle est plutôt une sorte de soliloque dans lequel l'homme se parle à lui-même, activant ainsi sa conscience du lien fondateur qui le relie à Dieu :

La parole
qui s'efforce de dire exactement
ce que j'atteins de Dieu
malgré une ignorance invincible
de nature ;

ce que j'espère de lui
malgré l'ordre transcendant qui
le sépare de moi ;

ce que j'aspire à être
par ce qui est le plus authentique
en moi-même ;

ce que j'atteins de moi
quand je suis à moi-même dans
la lucidité,

est la seule prière
dans le langage de l'homme
qui soit langage pour Dieu

— L'adressant à moi-même
dans le recueillement
je me tiens devant Dieu

— L'adressant à Dieu
dans l'adoration
j'entre en ma présence.

Autant qu'il m'est donné,
quand je parle ainsi,
Dieu m'écoute

Quand je me parle ainsi
Dieu me parle.

Notre *dialogue* avec Dieu n'est donc, sur le plan des phénomènes observables, qu'un *monologue.* C'est dans l'ordre même des choses qu'il en soit ainsi.

Marcel Légaut dit avec sérénité et simplicité ce que je me suis si longtemps efforcé de clarifier pour trouver à la prière sa réelle raison d'être. J'imagine volontiers que ce problème n'a jamais été vraiment majeur pour beaucoup de gens, et que peu nombreux sont ceux dont il perturbe les nuits de sommeil. Pour moi, que la cloche réveillait dès le milieu de la nuit pour chanter matines et qui passais près d'un tiers de la journée à prier, il était loin d'être secondaire. C'était un problème vital.

La prière n'a donc pas pour objectif de faire prévaloir le point de vue de l'homme sur celui de Dieu. Bien au contraire, il s'agit pour l'homme d'accomplir un travail sur lui-même pour dénouer les nœuds de ses désirs, dissoudre les grumeaux de ses égocentrismes, dissiper les brumes de son moi illusoire, ouvrir grandes les portes intérieures à la réalisation du seul Réel qui compte et qui est déjà là, présent en lui pour le soutenir dans l'être.

C'est pourquoi le fond de toute prière, quelle que soit la religion, n'est pas :

Que ***ma*** *volonté soit faite !*

mais bien :

Inch'Allah
Que ***ta*** *volonté soit faite !*

Qu'il me soit fait selon ta parole !
Parle, Seigneur, ton serviteur écoute !

On retrouve toujours la même intention, toujours la même idée.

Plus proches de nous, et dans un langage plus contemporain, les Beatles l'ont popularisée en chantant *Let it be !* Laissons être ce qui est !

Nous touchons ici à ce qui me semble être la fine pointe du discernement en matière spirituelle. Celui-ci n'opère pas son tri entre les religions constituées mais s'intéresse plutôt à l'attitude de ceux qui les pratiquent. D'un côté, il y a ceux qui entendent faire jouer les mécanismes spirituels à leur profit, qui s'efforcent d'imposer leur propre volonté au cours des choses. De l'autre, ceux qui, par un travail de déblayage en eux-mêmes, s'ouvrent au Réel et à ce qui est, même si cela contrarie leur bonheur et leur bien-être matériel, affectif ou même spirituel. D'un côté, toutes les formes d'exaltation du moi, de l'autre, l'abandon à Dieu. D'un côté, la magie — même sous des habillages très pieux —, de l'autre, ce que je pense être la spiritualité proprement dite.

Ici se situe également le point précis où se joue l'accès à une véritable liberté intérieure.

Etre libre ne consiste pas à pouvoir agir à sa guise et selon tous ses caprices. Être libre, c'est être capable d'adhérer intérieurement, au-delà de toute nécessité, à ce qui advient. Tel homme qui a les moyens de n'en faire qu'à sa tête a de grandes chances de n'être en réalité qu'un esclave des modes qui passent, des conditionnements que la société lui inculque, des besoins artificiels qu'il s'est lui-même créés. Sa liberté est celle du *Meilleur des mondes* d'Aldous Huxley : elle n'est qu'apparente parce que téléguidée par la société, et soumise à toutes sortes de déterminismes.

Sur un tout autre modèle, Nelson Mandela dans sa prison, le Mahâtma Gandhi dans son opposition aux Britanniques, Jésus sur sa croix adhéraient librement à une situation qu'ils n'avaient certes pas choisie mais qu'ils refusaient de fuir. Par un biais ou par un autre, ils puisaient cette force et cette liberté intérieures dans une attitude qu'exprime à sa manière le *Fiat voluntas tua :* que rien, de mon fait, ne vienne empêcher l'accomplissement d'un ordre des choses qui transcende mes désirs, même s'il doit me conduire là où je préférerais ne pas aller !

« Il n'est pas de plus grand amour que de donner sa vie pour ceux qu'on aime », dit Jésus. De même, il n'est pas de plus grande liberté que de s'abandonner à celui en qui on a misé toute sa confiance.

Nous savons tous combien l'abandon est un art difficile. S'abandonner, sans résistance aucune, au kinésithérapeute qui va manipuler votre corps, s'abandonner à celui qui vous conduit dans la nuit, s'abandonner à son partenaire dans l'amour, requiert une grande maîtrise de soi et une éminente liberté intérieure. Tel est en effet le paradoxe : la liberté parvient à son sommet au moment même où elle renonce apparemment à faire prévaloir son droit et s'abandonne à une volonté qui lui est supérieure.

Il n'est pas de plus haute liberté que de s'abandonner pleinement au Réel. Réussir à accepter en toutes circonstances, y compris face à la mort, et surtout face à la mort de ses proches, que *ce qui est est,* suppose d'être allé jusqu'au bout de l'alchimie intérieure qui fait de soi un homme vraiment libre, un homme authentiquement spirituel.

Faut-il conclure de ces réflexions que toute prière exprimée sous forme de demande est totalement dénuée de sens ? Mes propos iconoclastes pourraient le faire penser, mais la réalité est sans doute plus subtile et plus mystérieuse que mes assertions métaphysiques peuvent le laisser croire.

Tout d'abord, la prière de demande qui n'exprime pas une volonté forcenée de s'imposer au destin peut manifester en fait de la façon la plus signifiante, et donc la plus efficace pour celui qui prie, la perception qu'il a de sa radicale dépendance à l'égard de Dieu. Chacun, dans ce domaine, est libre des formes qu'il donne à son expression. Les prières que Frédéric Dard fait germer dans la tête de sa vieille dame *(La Vieille Dame qui marchait dans la mer),* dans un langage digne de ses personnages san-antonionesques, sont sans doute plus signifiantes et donc plus efficaces que beaucoup de prières formulées dans la langue de Bossuet ! L'essentiel, ici, est d'être soi-même. Personne, de l'extérieur, n'est habilité à s'ériger en juge et à normaliser les formes de notre expression.

Mais plus profondément encore, il y a, me

semble-t-il, notre participation à l'œuvre créatrice de Dieu. J'ai déjà fait remarquer qu'en agissant dans le registre de l'éphémère, nous étions amenés à notre insu à engendrer de l'éternel, par la conscience que Dieu a, de toute éternité, de notre action. Ceci a lieu nécessairement, quelle que soit la conscience que nous en prenons et quelle que soit la nature de nos actes, qu'ils soient les plus banals ou au contraire les plus exceptionnels.

S'il est vrai que la Création est une expression de la pensée de Dieu, s'il est vrai, comme le proclame le prologue de l'Évangile selon Jean, qu' « au commencement était le Verbe... » que « tout fut par lui et » que « sans lui rien ne fut », notre capacité humaine de penser, c'est-à-dire d'être à notre tour porteurs d'un verbe, est sans aucun doute la dimension de notre existence par laquelle nous sommes le plus *à l'image et à la ressemblance de Dieu.*

C'est pourquoi notre pensée, à l'instar de la sienne, possède en elle-même une certaine efficacité créatrice, en dehors de toute action extérieure. A vrai dire, elle est déjà une certaine forme d'action.

Nous ne sommes pas seulement le fruit de nos paroles et de nos actes. Nous sommes aussi, et peut-être avant tout, le fruit de nos pensées.

Cela vaut pour chacun d'entre nous, sur le plan individuel. Cela vaut aussi, collectivement, pour le monde dans lequel nous vivons.

Par là, je ne veux pas seulement laisser entendre que les innovations technologiques, par exemple, sont pensées, voire rêvées, avant d'être formellement mises en équations et matériellement mises en œuvre, ou que les guerres sont désirées avant d'être déclarées. Non, plus radicalement, je crois que nous faisons advenir le monde par la force de notre pensée.

C'est sans doute pourquoi Jésus, dans les rares occasions où il s'érige en juge, ne condamne pas seulement certains de nos actes, mais la pensée même que nous pourrions en avoir. Cela peut paraître excessif mais correspond indubitablement à une vision spirituelle de la puissance de la pensée.

Mes désirs comme mes craintes, si je les investis de la puissance de ma pensée, ont de grandes chances de se réaliser. Ma vigilance doit donc s'exercer à l'éclosion même de mes pensées les plus intimes et les plus cachées. Si je suis habité de pensées négatives, j'engendre de la négativité en moi et autour de moi. C'est le fondement de l'action néfaste de certains êtres, indépendamment des actes qu'ils sont inéluctablement amenés à poser un jour. Mais c'est aussi le fondement de la présence bénéfique de certains êtres, que l'on ressent même s'ils restent silencieux et, apparemment, ne font rien. Rappelons-nous l'adage de Maître Eckhart :

> *ce ne sont pas nos actes qui nous sanctifient*
> *mais nous qui sanctifions nos actes,*

c'est-à-dire, dans le contexte qui est ici le nôtre : c'est ce que nous pensons au plus profond de nous-mêmes qui donne son ultime qualité à ce que nous faisons

Dans une vision spirituelle du monde, la pensée que Dieu a de ce monde précède sa manifestation matérielle dans l'ordre des phénomènes. Elle est antérieure dans l'ordre logique à la constitution et à l'évolution de l'univers, telles que nous pouvons les percevoir. Il ne s'agit pas ici, faut-il le rappeler, d'antériorité chronologique. Par ma conscience, je suis susceptible de communiquer avec cette source inépuisable de connaissance et de pensée que Dieu est en lui-même. Mon cerveau est une sorte de récepteur, plus ou moins bien réglé et toujours susceptible de se détériorer, capable à sa manière, et dans les limites des outils conceptuels qu'il s'est forgés, d'y puiser ses plus fulgurantes intuitions, quel que soit d'ailleurs leur domaine d'application, spirituel, artistique ou scientifique.

Le philosophe américain Emerson a illustré au siècle dernier dans ses *Essais* cet extraordinaire court-circuit qui s'offre à celui qui se met en situation de communiquer avec l'esprit sous-jacent à la totalité du Réel. Rien n'empêche alors de communiquer, par exemple avec ce que Platon un jour a pensé.

Ainsi celui qui aime vraiment, et qui avive intérieurement son amour par la forme de pensée — et donc, si on veut, de prière — qui lui convient le mieux, contribue activement et efficacement au développement du bonheur sur la terre. Le monde est alors le fruit d'un peu plus d'amour. Je sais que cela peut paraître délirant, dans un temps où l'efficacité est appréciée en premier lieu au brassage d'air médiatique qu'elle provoque, mais je ne le pense pas moins. Bien sûr, il ne suffit pas de dire *amour! amour!* pas plus que *Seigneur! Seigneur!* pour que ce miracle ait lieu. Il s'agit, mais ce n'est pas une mince affaire, d'être, de penser et d'aimer vraiment.

Ainsi, chaque fois que je parviens à dégager mes yeux des œillères qui limitent leur champ de vision, chaque fois que je réussis à m'élever au-dessus du tourbillon de mes désirs et de mes peurs, chaque fois que je suis capable de dépasser mes préoccupations personnelles, je deviens une sorte d'antenne dressée sur le monde pour capter et rediffuser la connaissance, la sagesse et l'amour même de Dieu. Si, dans cet état d'esprit, je formule une prière de demande, je n'essaie nullement de lui imposer ma volonté mais bien de devenir un instrument de l'accomplissement de la sienne parmi les hommes. Si tous les hommes étaient ainsi branchés sur la pensée de Dieu, le monde ne serait sans doute pas celui dont l'image déplorable nous est renvoyée par les colonnes de nos quotidiens et les reportages de nos journaux télévisés. L'aventure vaut la peine d'être tentée.

C'est celle des éveillés. Celle des hommes et des femmes ouverts à la présence de Dieu en eux. Celle des unifiés, des moines au sens que je me suis efforcé de définir plus haut.

Les fondements de la prière ainsi élucidés, il apparaît clairement que tout geste, toute parole, tout rite perd de son efficacité pour celui qui le pose s'il n'en perçoit pas le sens.

Le signe n'est pas magique. Il n'est efficace que s'il est signifiant pour celui qui le pose.

Rien ne sert de s'encombrer de rites dont on ne perçoit plus la signification. Ils sont comme des sarments desséchés, du bois mort bon à être jeté au feu. De deux choses l'une : ou l'on est capable d'en revivifier le sens par une lecture renouvelée de la tradition, ou l'on renonce à traîner à ses pieds ce boulet d'un autre âge. Dans bien des cas, il s'agit surtout de redonner de la chair à des signes qui, au cours de siècles, se sont recroquevillés comme une peau de chagrin et dont il ne reste aujourd'hui que de piteux organes témoins.

Si je me limite à l'expérience que j'ai eue de la liturgie romaine (mais cela vaut, *mutatis mutandis,* pour bien d'autres traditions), j'évoquerai la triple immersion de tout le corps du baptisé dans les eaux de la régénération, réduite aux trois gouttes de certains baptêmes. Ou encore le pain partagé de l'eucharistie réduit à des hosties en carton-pâte, la coupe de vin à laquelle tous sont invités à s'abreuver mais qui ne circule plus autour d'une table, devenue quant à elle une barrière en fer forgé qu'il ne fallait, jusqu'à récemment, surtout pas franchir. Tout le contraire, en somme, de la communion qu'elle était censée exprimer et réaliser !

Si dans l'Église ces critiques ne sont plus aussi fondées aujourd'hui qu'elles l'étaient hier, c'est en partie grâce au travail accompli depuis le concile Vatican II, et en particulier grâce à des francs-tireurs qui n'acceptaient plus l'opacité des gestes qu'on leur demandait de perpétuer. Je suis heureux d'avoir été de ceux-là, et d'avoir contribué à la formation d'une génération de *mystagogues*, c'est-à-dire d'hommes et de femmes capables, par l'authenticité avec laquelle ils vivent les symboles, qu'ils soient christianisés ou non, d'en faire éclater le sens aux yeux de tous pour le partager. Des hommes et des femmes capables d'initier les autres à la célébration des mystères.

En ce qui concerne les rites, les religions se pillent toutes les unes les autres et, quand elles deviennent dominantes dans une aire géographique donnée, elles reprennent le plus souvent à leur compte les rites des religions qu'elles viennent de supplanter. Quelles que soient les filiations historiques que nous pouvons plus ou moins clairement établir de l'Égypte ou de la Mésopotamie d'autrefois aux rites en vigueur dans les Églises ou les sociétés initiatiques d'aujourd'hui, il faut reconnaître qu'ils s'enracinent tous dans un fonds commun, et qu'ils puisent leur puissance symbolique dans la réalité quotidienne de la vie de l'homme.

Cela est évident pour le bain et le repas sur lesquels s'appuie le symbolisme chrétien du baptême et de l'eucharistie. Ces sacrements ne font que dégager et exalter le sens que ces actes de tous les jours revêtent dans toute existence humaine. Nous avons tous expérimenté la force régénératrice d'un bain après une journée de travail, ou celle de la communion qui s'établit entre les commensaux d'un repas festif. Les sacrements n'inventent rien. Ils font œuvre pédagogique en permettant à chacun de s'éveiller au sens latent que ces pratiques possèdent déjà dans la vie quotidienne.

De même que la prière, de façon générale, trouve

sa justification dans la nature de l'homme, de même la plupart des rites, ceux en tous les cas qui se transmettent de génération en génération et de siècle en siècle, s'enracinent dans l'expérience que l'homme fait de lui-même et de son rapport au monde qui l'entoure.

Expérience de la naissance qu'il s'efforce de revivre pour, initiatiquement, devenir un homme nouveau. Expérience de la mort qu'il anticipe comme une ultime naissance. Expérience de la terre qu'il reprend dans le mythe de la grotte. Expérience de l'eau qui lave du passé, individuelle dans l'immersion complète (et ce thème rejoint alors celui de la mort comme renaissance) ou collective dans le thème du Déluge. Expérience de l'air auquel la vie s'identifie du premier au dernier souffle et qui, même étymologiquement, signifie l'esprit. Expérience du feu qui purifie et libère de toutes les scories celui qui s'y livre. Expérience de la lumière qui dissipe les ténèbres de l'esprit comme celles de la nuit. Expérience du soleil et de la lune dans leur bipolarité active et passive. Expérience des planètes qui rythment la course du temps...

A toutes ces expériences fondamentales, porteuses de valeur symbolique, correspondent des rites profondément païens dans leur essence mais qui ne répugnent pas à se faire annexer et baptiser, si j'ose dire, par la religion dominante du moment. Ils poursuivent dans l'humanité leur vie souterraine autonome, comme une nappe phréatique qui alimenterait plusieurs sources et donnerait lieu à la construction de fontaines différentes selon la culture religieuse en vigueur dans ses lieux d'émergence.

De ce point de vue, Jésus est exemplaire. Il n'invente aucun nouveau rite. Il se borne à réinterpréter ceux qu'il trouve en vigueur dans le peuple auquel il appartient. Pour lui, ce qui compte avant tout, c'est la manière dont ils sont célébrés, *en esprit et en vérité.*

Sur ce point, comme sur beaucoup d'autres, la religion que ses disciples se sont empressés de créer n'a guère suivi son exemple. Elle a eu tendance à codifier et à absolutiser ses rites, indépendamment de l'esprit dans lequel ils sont célébrés, semblables en cela à la plupart des religions établies ou des traditions constituées.

Nombreux sont les rites traditionnels qui se réfèrent aux quatre éléments de la tradition pythagoricienne : la terre, l'eau, l'air et le feu qui revêtaient alors, semble-t-il, une signification ésotérique assez éloignée de l'expérience sensible que nous en faisons. De façon plus naïve, l'homme s'est perçu, au cours des siècles et à travers les cultures, comme un intermédiaire privilégié entre terre et ciel, comme un médiateur qui doit apprendre à conjuguer l'une et l'autre en lui-même et se trouve ainsi affronté aux éléments dont il fait l'expérience quotidienne, en lui comme à l'extérieur de lui.

Nos jambes et nos pieds sont en effet de véritables *prises de terre.* C'est par leur intermédiaire que nous gardons le contact avec le sol, sous peine de disjoncter. D'un homme équilibré ne dit-on pas qu'il a les pieds sur terre ?

Notre milieu intérieur, nous dit-on, est liquide à 70 ou 80 %. (Ce qui explique, soit dit en passant, que nous soyons souvent *lunatiques*, c'est-à-dire sensibles aux influences de la lune qui, à notre échelle microcosmique, nous soumet au rythme des marées qu'elle impose de façon macrocosmique à la mer.) Du bassin qui héberge nos entrailles nous pouvons dire sans crainte de nous tromper qu'il est un *bassin aquatique*.

Quant à notre poitrine, elle est conçue comme un puissant *soufflet de forge* qui attise, par un air constamment renouvelé, le feu intérieur qui doit maintenir de façon stable l'ensemble du corps à la température de 37°, adéquate au développement du processus alchimique de la vie.

Nos yeux nous permettent de recevoir les messages de la lumière, cette forme subtile du feu et, par le sommet du crâne, si nous savons déployer nos antennes, nous sommes capables, selon la tradition taoïste, de capter les énergies du ciel.

Ainsi l'homme se perçoit-il comme la résultante d'une interaction constante de la terre, de l'eau, de l'air et du feu, comme le condensateur de leurs énergies et le lieu d'émergence du cinquième élément qui n'est autre que sa *quintessence*. En lui, comme dans un microcosme, se manifeste la plénitude du cosmos.

Les rites ont ainsi pour mission d'amener l'homme à accoucher de lui-même. Au cœur des mystères, il y a la plénitude de l'homme, à la charnière du visible et de l'invisible. Par leur célébration, il émerge à la conscience qu'il a de lui-même. Qu'il mette sa confiance en Dieu ou qu'il se dise athée, peu importe : leur efficacité est enracinée dans sa manière d'être au monde.

Retraverser la mer Rouge

Autrefois, dit Critias, les dieux se partagèrent la Terre, sans disputes.

(PLATON)

AU cours de l'été 1981 j'eus l'occasion de visiter Jérusalem et de pèleriner sur la terre de Palestine. Ce fut pour moi une véritable épreuve. Ma manière de considérer Jésus, ma conception de l'Incarnation, me mettaient en porte à faux à l'égard de mes compagnons de voyage : ils partageaient tous largement la conviction que Dieu en personne avait, il y a deux mille ans, visité les lieux que nous foulions de nos pas, entrant ainsi de façon définitive dans l'histoire des hommes.

Si j'étais déjà convaincu, avant le voyage, de mon hérésie, à l'épreuve de la rencontre des lieux mêmes de la vie de Jésus, je la ressentis comme une rupture définitive. Non par rapport à la personne de Jésus, telle qu'elle nous est connue à travers les Évangiles officiels et celui de Thomas. Je continue de le considérer comme un des éclaireurs les plus éclairés de l'humanité. La rupture ne concernait pas non plus la théologie du Verbe, telle qu'elle s'exprime dans les écrits de Jean et dans la tradition d'Alexandrie, que je ressens toujours comme des sommets de la littérature spirituelle. Mais elle portait sur l'identification ontologique que l'Église a construite au cours des siècles entre cet homme Jésus, remarquable parmi les hommes, et le Verbe éternel de Dieu.

Je sentais l'abîme se creuser entre moi et des chrétiens pourtant très ouverts, incontestablement en recherche, mais au fond toujours marqués par le dogme de l'Incarnation. Le continent sur lequel je vivais dérivait depuis des années du christianisme institué. La distance, au début, n'était perceptible qu'à des observateurs attentifs. Voici que je la ressentais comme irréversible. C'était comme un voile qu'on déchire, comme une passion qui cesse un jour de transfigurer l'être aimé. J'étais devenu étranger.

Puis il y eut le mur des Lamentations.

C'est alors que je compris que mon continent ne dérivait pas seulement par rapport à l'Église catholique romaine, ni seulement par rapport à l'ensemble des Églises chrétiennes, mais tout autant par rapport au judaïsme dont elles sont issues, et qui partage avec elles la foi en une révélation de type historique. Rome, Jérusalem, La Mecque : la sacralisation d'un lieu sur la planète et d'un temps de l'histoire m'est alors apparue comme un danger majeur pour l'humanité, comme un détournement au profit d'un peuple, d'une institution, d'une religion, de la présence métaphysique de Dieu à tout être qui existe.

Pour prier ou méditer, je puis me sentir mieux dans un lieu donné parce qu'il est plus chargé d'histoire et qu'il est alors un puissant stimulant pour ma mémoire. Je puis aussi me sentir mieux dans certains lieux dont on m'affirme, mais je n'ai aucun moyen de le vérifier, qu'ils sont chargés de vibrations telluriques. Mais Dieu, lui, est présent en tous lieux. Aujourd'hui, comme il y a deux mille ans, comme dans cent mille ans.

Crois-moi, femme, l'heure vient
où ce n'est ni sur cette montagne ni à Jérusalem
que vous adorerez le Père.

Dieu est esprit
et ceux qui adorent,
c'est en esprit et vérité qu'ils doivent adorer.

(Jn 4,21 et 24.)

Personne n'a le droit de s'approprier Dieu sans risquer le plus grave des dénis de justice. Dieu n'appartient à personne en particulier et n'a passé de contrat d'exclusivité avec aucune agence de communication. Il est présent en tous et potentiellement accessible à tous. *Il est le dedans de nous,* et nous n'avons aucune raison de laisser une religion, quelle qu'elle soit, nous en spolier au profit de son institution et de son système.

Dieu est le fondement de notre liberté, non de notre aliénation.

Au cours de ce voyage à Jérusalem, l'urgence m'apparut, impérative, de retraverser la mer Rouge.

Retraverser la mer Rouge, c'est cesser de considérer que notre histoire commence avec Moïse et se décline nécessairement en judaïsme, christianisme, islam ou, par défaut, en athéisme. Je revendique le droit de ne me reconnaître vraiment dans aucun de ces corps constitués, de renoncer à toute orthodoxie définie par des gardes patentés et de développer, en toute liberté, mon hétérodoxie. A chacun d'entre nous de créer la sienne en dehors de tout dogmatisme. Il n'y a rien à craindre. Dieu y reconnaîtra les siens ! si j'ose reprendre, en l'inversant, la formule tristement célèbre d'un moine cistercien qui a laissé une bien sinistre mémoire en terre albigeoise.

Retraverser la mer Rouge, c'est aussi poser un regard nouveau et désembué de tout *a priori* sur l'univers des dieux. C'est s'interroger sans préjugé sur la signification réelle du polythéisme à l'aube des temps historiques.

Les dieux de l'Antiquité étaient-ils vraiment les rivaux du Dieu de la métaphysique ? La confusion a-t-elle été essentiellement linguistique ? André Chouraqui reproche aux Occidentaux jusqu'à l'usage du mot Dieu, *Deus, Theos,* dont il trouve, à tort ou à raison, l'origine étymologique dans le nom de Zeus, le célèbre dieu de l'Olympe. Il reproche en somme au Dieu des Occidentaux de n'être qu'un dieu mal dégrossi.

Mais ne pourrions-nous pas renvoyer cette mise en question à la tradition juive ? Le יהוה du peuple hébraïque n'était-il pas à l'origine un dieu ethnique comme tant d'autres ? Le génie de Moïse n'a-t-il pas été de se convaincre, puis de convaincre son peuple et jusqu'à un certain point le reste du monde, que ce dieu-là n'était pas seulement le seul valable parmi tous les autres, mais qu'il s'identifiait aussi avec le Principe, le Créateur de l'univers ?

Au fond n'est-il pas, lui aussi, un dieu mal dégrossi ? D'où ses colères, ses partis pris, ses alliances politiques, qui le font apparaître si souvent comme bien peu universel et, à certains égards, bien peu sympathique ?

Le chant des Psaumes, dont certains sont d'une grande beauté sapientielle, mais dont beaucoup d'autres sont d'inspiration guerrière, n'était tolérable à longueur de nuit dans nos monastères que parce qu'ils étaient chantés en latin et que, la musique répétitive de la psalmodie aidant, il était possible de faire totalement abstraction de leur contenu. Leurs textes ne servaient plus alors que de *prétexte*.

Quand je demandais à Dom Alexis comment il s'en appropriait le contenu, que je trouvais pour ma part assez pénible (en particulier, je n'aimais pas passer mon temps à rappeler le massacre des premiers-nés d'Égypte pour lequel nous étions censés rendre grâce à Dieu, « car éternel est son amour » !), il me répondait qu'il pensait à la misère des petits Chinois ! Nous étions loin de la transparence du signe et de sa signification

Les premiers chapitres de la Genèse trébuchent d'ailleurs sur cette question du polythéisme. L'un des récits de la création parle des *élohim*, ces dieux dont l'exégèse s'efforce aussitôt de faire oublier le pluriel. Ces dieux qui par la suite deviennent des anges, beaucoup moins encombrants, sont encore, au chapitre VI de la Genèse, capables de faire des enfants aux filles des hommes. De ces accouplements, qui ne semblent pas avoir été totalement contre nature, naissent des géants, les *nephilim*, qui rappellent les Titans des autres traditions. (Notons en passant que cet épisode redonne du sens à la querelle byzantine sur le sexe des anges car les anges dont il est question n'ont en vérité rien d'angélique, au sens éthéré que nous avons donné au mot au cours des siècles suivants.)

Chouraqui a raison : nous ne devrions pas employer le même mot pour parler des dieux et de Dieu. Il s'agit bien en effet de réalités parfaitement hétérogènes.

Mais ce constat une fois établi, il me semble, pour ma part, que nous devrions reprendre, l'esprit dégagé de toute attitude défensive, l'étude du polythéisme que nous retrouvons sous des vocabulaires différents à l'origine de toutes les grandes civilisations.

A quoi correspondent ces dieux, ces anges, ces célestes dont les premiers textes historiques laissent entendre qu'ils ont joué un rôle primordial juste avant que ne commence l'histoire répertoriée ? Après tout, c'est un problème à caractère historique ou tout du moins protohistorique, que nous devrions traiter sans passion partisane. Ce n'est pas un problème métaphysique. Dieu — puisque je n'ai pas d'autre mot en français pour le désigner — n'est nullement en danger. Il n'est pas du même ordre. Il n'est pas en guerre contre ces dieux qui sont probablement ses messagers, à leur manière, comme nous le sommes nous aussi à la nôtre.

Retraverser la mer Rouge, ce n'est pas nécessairement faire allégeance à la religion des pharaons. C'est élargir l'horizon. C'est s'ouvrir à toutes les cultures, toutes les traditions du monde, sans le regard condescendant de ceux qui estiment *a priori* avoir un point de vue supérieur, parce qu'il se trouve qu'ils bénéficient d'une élection ou d'une révélation divines, indépendamment d'ailleurs de leur volonté puisqu'il s'agit, dans la grande majorité des cas, d'une affaire de naissance.

Retraverser la mer Rouge, c'est se mettre à l'écoute de toutes les voix de Dieu. C'est partir en explorateur sur toutes les voies de Dieu.

Cela n'exclut ni les profondeurs de la sagesse hébraïque, ni les fulgurances des intuitions chrétiennes, ni la pureté du mysticisme musulman. Refuser le système ne signifie pas refuser l'héritage. Je suis fier pour ma part de la lignée dans laquelle je m'insère. Je dénie seulement aux religions du Livre toute primauté congénitale et refuse leur prétention à un monopole sur la communication avec Dieu.

Retraverser la mer Rouge, pour moi, c'est au bout du compte revenir à la sagesse sous-jacente à toutes les grandes traditions. C'est revenir à la *Philosophie éternelle* d'Aldous Huxley.

La boucle est ainsi bouclée.

Hors les murs

Il y a de la lumière
en dedans d'un être lumineux
et il illumine le monde entier.

(THOMAS, logion 24,6-8)

ME voici donc au terme de cette récapitulation. Chacun des thèmes abordés au cours de ces sept chapitres mériterait, je n'en doute pas, d'être approfondi et travaillé. Je m'y attellerai peut-être un jour. Mon propos, dans ce *Confiteor*, était de revisiter les cinquante-six années de mon parcours et de dégager les quelques lignes de force qui ont structuré ma vision du monde au point de rester d'actualité. Je m'aperçois, en les relisant, que plusieurs de ses chapitres pourraient porter le titre de l'un ou l'autre de mes livres déjà publiés. La continuité l'emporte donc sur la rupture, même s'il s'agit d'une continuité dans la rupture.

Trois ans après la menace, j'ai définitivement quitté Boquen, ce lieu précieux pour moi entre tous, où j'avais vécu deux des temps les plus forts de mon itinéraire, celui de l'apprentissage monastique et celui d'un printemps de l'Église.

Arraché à mon histoire et comme exilé de moi-même, je me suis mis à porter sur le monde le regard que je n'avais pas eu pour lui au sortir de mon adolescence. J'ai ressenti l'envie de l'aborder autrement qu'en moine ou qu'en homme d'Église, même contestataire. Envie d'aimer et d'être aimé d'un amour autre qu'universel. Envie de redevenir le Monsieur Tout-le-Monde que j'avais sans doute prématurément cessé d'être à dix-huit ans.

Après vingt années de vie affective contenue et retenue dans le cadre d'une vie monastique austère, j'ai connu la joie limpide et rayonnante de la réciprocité amoureuse, l'exaltation du partage, le bonheur de la création commune, suivis trop vite, à mon gré, des morsures de la jalousie. Jusqu'à la blessure de l'abandon et du deuil.

Je compris alors dans ma chair qu'il est plus facile de théoriser *ex cathedra* sur la liberté et la transfiguration de l'amour que de les vivre dans son corps et son âme. La souffrance ressentie, à la mesure de mon attachement, me faisait cruellement percevoir le chemin que j'avais encore à parcourir pour devenir en vérité l'*homme sans attaches* que j'avais naïvement cru être déjà.

Au cours de ces années, j'ai connu la fidélité de l'amitié qui survit à toutes les épreuves, et qui s'adresse non à un personnage mais à une personne, dans ses moments lumineux comme dans ses moments de faiblesse. Ces amitiés précieuses n'ont pas empêché que je connaisse aussi les rigueurs de la solitude. D'une solitude plus radicale, fût-elle vécue au cœur de Manhattan, que la solitude protégée du monastère.

De retour en France, j'ai rencontré un ami avec lequel, hors de toute passion mais avec une profonde connivence spirituelle, j'ai reconstitué un havre de vie et de paix.

Confronté alors à la nécessité de pourvoir à des besoins économiques élémentaires, j'ai appris ce qu'il en coûte de se trouver sur le marché du travail dans la société contemporaine, avec pour tout diplôme un doctorat en théologie dont il est facile de deviner ce qu'il ouvre comme perspectives en dehors de l'Église, et pour tout bagage une notoriété qui, dans ce contexte, se révèle bien encombrante. Il ne sied pas à un demandeur d'emploi d'être un homme connu. Sa démarche semble incongrue.

Je dois à l'intelligence de quelques hommes de qualité, qui ont su dépasser le caractère insolite de la situation, de m'être vu confier des responsabilités dans un domaine auquel je n'aurais pas spontanément pensé.

La ville de Rennes cherchait pour imaginer son futur centre de culture scientifique et technique un homme à la curiosité intellectuelle en éveil, capable de penser les moyens à mettre en œuvre pour insérer dans la culture des citoyens les aspects scientifiques et techniques qui caractérisent la civilisation contemporaine. Ses responsables firent confiance à mes capacités d'adaptation et d'imagination. Je leur suis reconnaissant de m'avoir facilité ce premier pas qui devait se révéler déterminant pour la suite.

Une fois ma mission remplie à Rennes, je me sentis en effet une certaine légitimité pour solliciter un emploi à la Cité des Sciences et de l'Industrie dont le projet était alors en pleine élaboration.

C'est ainsi que, deux ans avant l'ouverture au public de ce signal du troisième millénaire placé aux portes de Paris, je suis entré dans l'équipe qui, sous la houlette de Paul Delouvrier et la direction de Maurice Lévy, travaillait à sa conception sous le feu des polémiques, avançait sa réalisation dans l'urgence d'un grand chantier dont l'achèvement était soumis à de multiples impératifs et s'efforçait de mettre en place une exploitation pour laquelle, en l'absence de tout équipement équivalent qui aurait pu servir de référence, nous ne disposions que de notre bon sens et de notre imagination.

Paradoxalement, je retrouvais dans ce domaine de la culture scientifique et technique l'extrême importance du discernement que, dès années plus tôt, j'avais perçue avec acuité dans la vie spirituelle.

Entre une vision simpliste du progrès, qui exalte les sciences et les techniques comme les pourvoyeuses du bonheur de demain, et celle, tout aussi simplificatrice, qui ne veut voir en elles que la cause d'une déshumanisation galopante de l'humanité et celle de tous les désastres écologiques, présents et à venir, il faut, me semble-t-il, promouvoir chez le plus grand nombre de citoyens de notre pays et du monde une pédagogie, susciter un métabolisme, établir une respiration douce qui leur permettent d'intégrer toujours davantage les données des sciences avancées et la mise en œuvre des nouvelles technologies, sans pour autant mettre en péril la perception qu'ils ont de leur appartenance à une civilisation et à une culture qui sont les médiations nécessaires de leur appartenance à l'humanité.

C'est pourquoi la culture scientifique et technique ne doit pas être laissée aux seuls scientifiques et aux seuls techniciens. Elle est l'affaire de tous car il en va de l'avenir de tous. Les problèmes qu'elle pose sont avant tout des problèmes de société, et personne n'a le monopole de leur solution. La définition d'une éthique pour demain, par exemple, ne doit pas être abandonnée aux seuls biologistes et médecins, sous prétexte que c'est dans leur discipline que les problèmes d'éthique surgissent le plus explicitement. C'est la société tout entière qui, par ses prises de conscience, doit accomplir un travail sur elle-même pour que surgisse peu à peu une nouvelle représentation collective de la vie de l'homme et de l'humanité, sur la planète et dans le monde.

La mission la plus profonde d'une entreprise culturelle comme la Cité des Sciences de La Villette est de contribuer à cette maïeutique.

Quel peut être, ici encore, le critère du discernement entre libération et aliénation, entre ouverture aux possibles que la science et les techniques rendent accessibles, et distension mortifère des capacités d'assimilation de l'homme ? Quel peut être ce critère, sinon l'avènement d'une conscience humaine toujours plus éveillée ? Sans l'avoir recherchée, je retrouvais à La Villette la problématique fondamentale de l'ascèse monastique. Ici encore, il s'agissait de contribuer à l'avènement de l'homme.

D'ailleurs, à y regarder de plus près, la spiritualité d'un côté, les sciences et les techniques de l'autre travaillent, en mettant en œuvre des moyens spécifiques très dissemblables, à la poursuite d'une finalité commune. L'objectif de la spiritualité, comme j'ai eu l'occasion de le rappeler dans ces pages, est d'amener l'homme à se libérer de l'étreinte des limites de l'espace et du temps, pour accéder à la conscience qui les transcende. Mais que font les sciences et les techniques sinon lutter, elles aussi, contre ces mêmes limites de l'espace et du temps ? L'une des caractéristiques de la civilisation que nous forgeons n'est-elle pas de pouvoir suivre *en temps réel* ce qui se passe en n'importe quel point de la planète, et éventuellement d'intervenir dans le déroulement de l'action ? N'est-ce pas là, précisément, se libérer des limites de l'espace et du temps ? N'est-ce pas tenter d'accéder à une *coactualité* toujours plus large avec tout ce qui se passe dans le monde, à l'image de Dieu ?

La civilisation de l'information que l'Occident élabore en cette fin du XXe siècle, et que nous essayons à La Villette de présenter au public dans un esprit critique, contribue sans nul doute à une planétarisation de la conscience dont nous ignorons aujourd'hui sur quel type d'unité elle débouchera un jour.

Je ne crois cependant pas, et j'ai déjà expliqué pourquoi je n'adhère pas à cet aspect de la vision que Teilhard de Chardin a du monde, que ce progrès terrestre soit une étape dans la marche de l'humanité vers le point oméga de sa rencontre avec Dieu. Pour moi, ce point se situe en tout instant que nous vivons et glisse comme un curseur sur la trajectoire du temps.

Notre capacité à tisser un réseau de plus en plus serré de communications, si elle aboutit à sécréter un nouveau mode d'être de l'humanité, fait par contre partie, comme tout ce qui existe, du projet de Dieu sur le monde. A nous de choisir si cette planétarisation de la conscience sera l'instrument d'un asservissement à quelque *Big Brother*, ou au contraire l'occasion d'un dépassement des individualités dans l'unité transcendante d'une nouvelle liberté.

Face à cet enjeu, n'avons-nous pas à inventer une ascèse pour la civilisation scientifique et technique de notre temps ? N'avons-nous pas à développer un nouvel art de vivre ? De notre capacité à les mettre en œuvre, dans un effort pédagogique à l'échelle de la planète, dépendra l'avenir de liberté ou d'aliénation que nous léguerons aux prochaines générations.

Il en va du visage que prendra le Nouvel Âge.

New Age, l'expression est suspecte. Pourtant, toute génération invente son Nouvel Âge. *A fortiori*, tout changement de siècle ou de millénaire. La question n'est pas de savoir si nous sommes à l'aube d'un Nouvel Âge. Cela va de soi. Elle est plutôt de savoir sous quels auspices nous voulons qu'il advienne.

La célèbre phrase de Malraux existe au moins en deux versions :

Le XXIe siècle sera spirituel ou ne sera pas (variante : *sera religieux ou ne sera pas*).

Elle a déjà donné lieu à trop de commentaires pour que je la reprenne à mon tour. Il est d'ailleurs probable que le XXIe siècle sera comme tous les autres : porté par quelques hommes et quelques femmes éveillés, dans un océan de somnolence et de médiocrité. Il ne cessera pas pour autant d'exister. Au chapitre XVII de la Genèse, Dieu se serait contenté de dix justes pour sauver Sodome de la destruction. Il s'en trouvera bien dix pour sauver le XXIe siècle de la disparition !

Être spirituel ou religieux, selon les deux expressions prêtées à Malraux, n'est nullement équivalent à mes yeux. Je ne puis prédire laquelle des deux versions se révélera être prophétique. Mais je sais à laquelle j'aspire. J'espère en effet que le XXIe siècle saura se dégager radicalement de toute tutelle religieuse, de tout embrigadement institutionnel, pour atteindre un haut niveau de liberté spirituelle. J'espère, en un mot, qu'il sera *philosophique*, au sens fort du terme, c'est-à-dire marqué par *l'amour de la sagesse.*

Alors que je travaillais à Rennes, il m'arriva de trouver chez un bouquiniste le journal que Raymond Abellio a publié en 1973 chez Gallimard : *Dans une âme et un corps.* Sa lecture fut un grand bonheur. Elle ne provoqua pas en moi la violence du coup de foudre que j'avais connu adolescent avec les œuvres d'Aldous Huxley. C'était plutôt comme une petite musique qui charmait mes nuits de lecture. J'avais l'impression de lire sous la plume d'Abellio, avec une grande clarté, ce que je m'étais plus d'une fois essayé à exprimer avec moins de bonheur :

> « Tous nos actes et même nos pensées laissent leur image quasi photographique, à tout instant, dans un éternel présent [...]. Nous sommes tous, pour l'éternité, en rapport avec tout l'Univers, fondus en lui. »
>
> « Vivre dans la pensée constante de Dieu. Se fondre, en permanence, dans l'interdépendance de tout [...]. L'expérience du moment présent est la seule qui compte. Que l'éveil soit perpétuel. »
>
> « La vie intérieure aussi est une " praxis ". »
>
> « Il n'est pas non plus d'ascèse plus exigeante que celle de certaines danses. »

Je pourrais multiplier les citations... Je retrou vais l'univers de ce que je pensais être ma *philosophie spirituelle* et qu'Abellio appelait la *gnose*.

Tout au long de ces années de recherche solitaire, j'avais donc été une sorte de *gnostique* sans le savoir. Je n'aurais d'ailleurs pas osé en appeler à ce titre, qui restait identifié dans mon esprit aux gnostiques des premiers siècles chrétiens dont je ne connaissais que des récits cosmogoniques plus ou moins délirants et dont, me fiant à ce qu'on m'avait enseigné, je croyais la pensée profondément imprégnée de dualisme.

Gnostique. C'était un soulagement de pouvoir

se nommer. Du moins de me nommer à moi-même, car le mot n'était guère d'utilité dans les échanges avec les autres. C'était comme un nom secret, à usage strictement personnel. Pour mon apaisement intérieur. Un signe de reconnaissance, mais qui restait purement intellectuel, sans fonction sociale.

Gnose : le mot, en effet, n'appartient guère à notre vocabulaire courant. Dans la France contemporaine, on peut vivre et mourir sans s'être jamais préoccupé de savoir exactement ce qu'il recouvre. Tout au plus est-il donné de rencontrer des gens qui se définissent par son contraire et se disent *agnostiques.* Ils veulent ainsi marquer leurs distances avec toutes sortes de croyances. Il est si difficile pour chacun d'entre nous de préciser en quoi il croit exactement — j'en ai fait l'expérience tout au long de ce *Confiteor* — qu'il est plus confortable de se dire agnostique que de se proclamer athée ou croyant, ce qui, dans un cas comme dans l'autre, appelle de plus amples explications.

Gnose, ce mot à coloration savante nous vient du grec *gnosis* qui veut dire connaissance. Notons en passant que *connaissance* n'a nullement l'étymologie fantaisiste qui lui est souvent prêtée de *naître avec* mais vient du latin *co-gnoscere* dans lequel nous retrouvons le mot *gnose.* Sa racine structure plusieurs de nos mots de tous les jours : *ignare, ignoble* — le *noble* étant, par opposition, celui qui est digne d'être connu —, *ignorance.* Mon ignorance — justement — du sanscrit ne me permet pas de remonter plus loin vers ses origines, mais je sais que parmi ses yogas, l'Inde compte le *Jnana Yoga* qui est précisément le yoga de la connaissance. De *Jnana* à *gnose,* il n'est pas difficile de déceler la continuité.

La gnose, c'est donc la connaissance, mais comme nous avons ce dernier mot pour notre vie courante, le mot *gnose*, plus savant, plus mystérieux, est réservé pour indiquer une connaissance d'ordre supérieur.

Sur le plan historique, nous associons généralement le mot au mouvement de pensée qui s'est développé, en particulier en Égypte, au cours des premiers siècles de notre ère. Pendant longtemps, ce gnosticisme chrétien n'a été connu qu'en tant qu'hérésie dénoncée et condamnée par les tenants du dogmatisme officiel. Les œuvres rédigées par les gnostiques, systématiquement détruites, ne nous étaient connues que par les passages cités pour étayer leurs anathèmes et leurs condamnations par les Pères de l'Église (Irénée, Hippolyte, Épiphane, Tertullien, Jérôme) qui prenaient vaillamment la suite de saint Paul, déjà mobilisé dans ses Épîtres, contre la gnose.

La découverte en 1945 à Nag Hamadi en Haute-Égypte d'une bibliothèque entière de 55 manuscrits gnostiques nous permet aujourd'hui de mieux connaître ce mouvement, et de saisir ses relations au christianisme naissant. C'est grâce à cette collection de traités que nous avons désormais accès à l'intégralité de l'*Évangile selon Thomas,* qu'il m'est arrivé plus d'une fois de citer dans ces pages, et qui donne de Jésus une image nettement décalée par rapport à celle des Évangiles officiels

— lesquels furent rédigés, ne l'oublions pas, sous la haute surveillance d'apôtres soucieux d'établir leur autorité sur la communauté naissante. Une image incontestablement plus gnostique, au sens positif du terme.

Laquelle de ces deux images est la plus proche du Jésus historique ? Laquelle est la plus hérétique ? Celle qui a été déclarée comme telle par la faction dominante ? Ou celle qui s'est imposée, le pouvoir politique aidant, comme seule orthodoxie ?

Je ne suis pas historien, et ne puis donc répondre à ces questions qui méritent un examen dépassionné. Je n'ai cependant aucune raison de n'être pas attentif à l'Évangile de Thomas, au même titre qu'aux autres, dans ma recherche de l'enseignement de Jésus. Son texte est plus dépouillé, moins anecdotique. C'est une collection de *logia,* c'est-à-dire de paroles attribuées à Jésus. Rien ne prouve qu'il soit postérieur aux autres Évangiles. Bien des indices donnent même à penser qu'il leur est antérieur.

La différence majeure entre les deux traditions tient à la place que l'une et l'autre attribuent à l'histoire dans l'accomplissement du salut de l'homme.

Le christianisme officiel attend le salut d'événements à venir, du retour de Jésus parmi les hommes, et d'une résurrection des corps dans un futur difficile à pronostiquer. Pour Thomas, au contraire, le salut est donné ici et maintenant à celui qui veut bien s'ouvrir au Royaume qui l'habite déjà. La résurrection n'est pas à attendre dans un futur hypothétique, elle est déjà donnée à celui qui est *éveillé.* Il n'a plus à craindre la mort physique, puisqu'il vit déjà d'une vie qui est éternelle et sur laquelle la mort n'a aucune emprise : « Les vivants ne mourront pas » (log. 11,5).

Saint Paul s'en est pris dans ses Épîtres à cette thèse qui avait déjà cours de son temps. Il accuse Hyménée et Philète de la propager : « Ils se sont écartés loin de la vérité, en prétendant que la résurrection a déjà eu lieu » (II Tm. 2,18). Inutile de dire que je me sens beaucoup plus proche d'Hyménée et de Philète, dont par ailleurs je ne sais strictement rien, que de leur contempteur.

Qu'en est-il en effet de la mort, dans les perspectives qui se sont peu à peu dégagées de mes méditations successives ?

Elle est tout d'abord radicalement relativisée. S'il est vrai que le *verso* temporel de ma vie possède un *recto* intégralement enregistré dans la conscience éternelle de Dieu, pas un seul de ses instants ne peut en être gommé. Ils ont tous valeur d'éternité. De ce point de vue, ce qui est éternel, ce n'est pas le *je* psychologique qui sert de sujet aux pensées, aux sentiments, aux actions de ma vie, mais bien ces pensées, ces sentiments et ces actions mêmes. Du point de vue métaphysique, rien ne peut disparaître de mon existence, rien ne meurt de ma vie.

Si, du niveau métaphysique, je passe à celui de la conscience, je crois volontiers avec l'Évangile selon Thomas que l'homme pleinement éveillé accède à une conscience qui est dans une certaine mesure participation à la conscience même de Dieu, et sur laquelle la mort, en effet, n'a aucune emprise. Il n'y a donc pas à se préoccuper de la mort. L'important est d'accéder, dès maintenant, à la véritable vie.

Quant aux problèmes de réincarnation ou de survie dans une sorte de temps plus ou moins parallèle à notre propre temps, je pense que leur investigation sort du champ de la métaphysique et appartient plutôt, aussi étrange que cela puisse paraître, à celui des sciences naturelles. C'est à celles-ci, en effet, qu'il revient d'étudier tous les phénomènes qui se donnent à connaître dans le monde créé, quels qu'ils soient.

La découverte de l'Évangile selon Thomas et des autres textes gnostiques trouvés à Nag Hamadi a contribué de façon décisive à notre connaissance du patrimoine de l'humanité. Il me semblerait cependant peu judicieux, et à vrai dire peu gnostique, d'en faire un nouvel absolu et de les prendre à leur tour pour parole d'évangile ! Ils nous offrent un enseignement spirituel précieux, mais un enseignement parmi d'autres. D'autant que la gnose dépasse de loin le champ circonscrit par le christianisme.

On la retrouve en Perse comme en Inde. Elle inspira Mani dont l'enseignement a été si outrageusement déformé. Elle traverse certains des courants de la philosophie hellénique et, nous l'avons vu, elle resurgit aujourd'hui dans des œuvres comme celle d'Abellio.

A la différence des religions, qui se fondent sur des institutions et qui officialisent des rouages de transmission à la manière de la succession apostolique, la gnose en appelle à l'intériorité de chacun. Elle en appelle à un sacerdoce invisible. Abellio écrit :

> « Il ne peut y avoir, au sens strict, de *pouvoir* spirituel vrai émanant d'une institution pontificale hiérarchique édictant des préceptes et des lois. L'autorité spirituelle doit être diffuse, imprégnante, impersonnelle. Restituer à la société le sens du *numen.* Et cela par des hommes *numineux,* sans charges ni honneurs, siégeant sur quelque montagne magique ou, aussi bien, au fond des villes, des forêts. »

C'est dans cette ligne que je conçois pour ma part l'avenir spirituel de l'humanité. S'il est vrai que nous assistons aujourd'hui à une revanche des religions dans ce qu'elles ont de pire — et non, selon le titre d'un ouvrage par ailleurs précieux, à une *Revanche de Dieu* —, je désire croire qu'il ne s'agit que d'un baroud d'honneur et que, dans les décennies à venir, les religions proprement dites s'effondreront sur leurs propres contradictions.

La lutte pour l'avenir du XXIe siècle, à mon avis, ne se jouera pas comme on pourrait le croire entre les religieux d'un côté et les rationalistes de l'autre. Il se jouera plutôt entre les religieux d'une part et les spirituels de l'autre. Entre les croyants prêts à admettre sans discussion ce que les religions leur disent de croire, et les hommes qui assumeront avec intelligence la rigueur d'une démarche de foi. Entre ceux qui accepteront de s'aliéner à une structure institutionnalisée et hiérarchisée, et ceux qui mèneront jusqu'au bout la démarche personnelle et libératrice de l'affrontement au réel et de la sagesse qui en découle.

Certains jours, je pourrais avoir la nostalgie de la vie monastique telle que je l'ai vécue auprès du père Alexis, au milieu de mes frères de Boquen. D'autres jours, je pourrais avoir celle du printemps de l'Église que nous y avons rêvé. Mais il m'apparaît de plus en plus clairement que la voie qu'il nous faut aujourd'hui frayer ne passe plus par ce type d'appartenance, par ce type d'institution.

Elle se situe hors les murs.

Elle est davantage de l'ordre de la dissolution du sel dans l'océan, de la fermentation du levain dans la pâte, de la germination de la graine dans l'humus de l'humanité. Elle n'exige pas de prendre de formes particulières. Elle peut se vivre partout et dans toutes les situations. A La Villette comme à Boquen.

Elle passe avant tout par la qualité de l'être.

Elle dépend de notre ouverture à l'Être.

Le reste nous sera donné par surcroît.

Bibliographie

Les citations de l'Ancien et du Nouveau Testament sont empruntées à *La Sainte Bible traduite en français sous la direction de l'École biblique de Jérusalem*, Éditions du Cerf, Paris, 1961.

Celles de *L'Évangile selon Thomas* sont empruntées à la traduction de Philippe de Suarez, Éditions Métanoïa, Montélimar, 1974.

Études sur Boquen :

— *Le Printemps de Boquen*, Épi, Paris, 1969.
— CERTEAU M. de, « Les structures de communion à Boquen », in *Études*, 1970, t. CCDXXXII p. 128-136.
— GUY J.-C., « Boquen nous interroge », in *Études*, 1970, t. CCDXXXII, p. 121-127.
— ROY O. du, « Boquen », in *Encyclopaedia Universalis*, Universalia, 1977, p. 171-173.
— LUSZENZSKY G., *Boquen, chronique d'un espoir*, Paris, Stock, 1977.
— LEGRAND A., *Les Chemins de l'automne*, Saint-Brieuc, SOFEC, 1976.

Livres auxquels il est fait référence dans l'ouvrage :

— ABELLIO Raymond, *Dans une âme et un corps*, Paris, Gallimard, 1973.

— ABELLIO Raymond, *La Fin de l'ésotérisme*, Paris, Flammarion, 1973.

— ABELLIO Raymond, *Approches de la nouvelle gnose*, Paris, Gallimard, 1981.

— CUSE Nicolas de, *De la docte ignorance*, Paris, Trédaniel, 1979.

— CUSE Nicolas de, *Trois traités sur la docte ignorance et la coïncidence des opposés*, Paris, Éditions du Cerf, 1991.

— DUNAND Alain, *L'Espace du jeu*, Paris, Éditions du Cerf, 1978.

— GILLABERT Emile, *Jésus et la Gnose*, Paris, Dervy-Livres, 1981.

— HUXLEY Aldous, *La Fin et les Moyens*, Paris, Plon, 1950.

— HUXLEY Aldous, *La Philosophie éternelle*, Paris, Plon, 1950 (réédité aux Éditions du Seuil, dans la collection « Points Sagesse », Paris).

— LE LOUP Jean-Yves, *L'Évangile selon Thomas*, « Spiritualités vivantes », Paris, Albin Michel, 1990.

— PAGELS Élaine, *Les Évangiles secrets*, Paris, Gallimard, 1982.

— *Philosophes taoïstes*, (Lao Tseu, Tchouang Tseu, Lie Tseu), « Bibliothèque de la Pléiade », Paris, Gallimard, 1980.

— PRESSE Dom Alexis, *A l'école de saint Benoît*, Paris, Le Rameau, 1954.

— RUDHYARD Dane, *Le Cycle de la lunaison*, Paris, Éditions du Rocher, 1978.

— RUPPERTI Alexander et CAVAIGNAC Marief, *Les Multiples Visages de la lune*, Paris, Éditions Universitaires, 1984.

— *Sancti Benedicti Regula Monachorum*, Fribourg-en-Brisgau, Herder, 1912.

Table

Du même auteur

Livres

Incarnation ou eschatologie ? Contribution à l'histoire du vocabulaire religieux contemporain, 1935-1955, Paris, Éditions du Cerf, 1964.

Libération de l'homme, essai sur le renouveau des valeurs monastiques, Paris, Desclée de Brouwer, 1969.

Propos sur la liturgie, Paris, Épi, 1970.

Clefs pour une nouvelle Église, Paris, Seghers, 1971.

De commencement en commencement, itinéraire d'une déviance, (entretiens avec Marie-Thérèse Maltèse et Ernest Milcent), Paris, Seuil, 1976.

Les Conditions du développement de la culture scientifique et technique à Rennes et dans sa région Paris, ministère de la Culture, 1984.

Fascicules

Boquen, hier, aujourd'hui, demain, Paris, Épi, 1969.

Boquen en crise, 1970, Paris, Épi, 1970.

Articulations, Plougrescant, Éditions du Gouffre, 1977.

Le Tourment de Dieu, Bruxelles, CEFA, 1982.

Livres en collaboration

Le Message des moines à notre temps, Paris, Fayard, 1958.

Les Religieux, aujourd'hui et demain, Paris, Editions du Cerf, 1964.

L'Adaptation et la rénovation de la vie religieuse, collection « Unam Sanctam » n° 62, Paris, Éditions du Cerf, 1967.

Les Communautés de base (avec Bernard Schreiner), Paris, Grasset, 1973.

Un risque appelé prière, Paris, Desclée de Brouwer, 1972.

« *Spiritualités vivantes* »
Collection fondée par Jean Herbert
au format de poche

1. *La Bhagavad-Gitâ*, de Shrî AUROBINDO.
2. *Le Guide du Yoga*, de Shrî AUROBINDO.
3. *Les Yogas pratiques (Karma, Bhakti, Râja)*, de Swâmi VIVEKÂNANDA.
4. *La Pratique de la méditation*, de Swâmi SIVANANDA SARASVATI.
5. *Lettres à l'Ashram*, de GANDHI.
6. *Sâdhanâ*, de Rabindranâth TAGORE.
7. *Trois Upanishads (Ishâ, Kena, Mundaka)*, de Shrî AUROBINDO.
8. *Spiritualité hindoue*, de Jean HERBERT.
9. *Essais sur le Bouddhisme Zen*, première série, de Daisetz Teitaro SUZUKI.
10. — *Id.*, deuxième série.
11. — *Id.*, troisième série.
12. *Jnâna-Yoga*, de Swâmi VIVEKÂNANDA.
13. *L'Enseignement de Râmakrishna*, paroles groupées et annotées par Jean HERBERT.
14. *La Vie divine*, tome I, de Shrî AUROBINDO.
15. — *Id.*, tome II.
16. — *Id.*, tome III.
17. — *Id.*, tome IV.
18. *Carnet de pèlerinage*, de Swâmi RAMDAS.
19. *La Sagesse des Prophètes*, de Muhyi-d-dîn IBN 'ARABÎ.
20. *Le Chemin des Nuages blancs*, d'ANAGARIKA GOVINDA.
21. *Les Fondements de la mystique tibétaine*, d'ANAGARIKA GOVINDA.
22. *De la Grèce à l'Inde*, de Shrî AUROBINDO.
23. *La Mythologie hindoue, son message*, de Jean HERBERT.
24. *L'Enseignement de Mâ Ananda Moyî*, traduit par Josette HERBERT.

Nouvelles séries dirigées par
Marc de Smedt

25. *La Pratique du Zen*, de Taisen DESHIMARU.
26. *Bardo-Thödol. Le Livre tibétain des morts*, présenté par Lama ANAGARIKA GOVINDA.
27. *Macumba. Forces noires du Brésil*, de Serge BRAMLY.
28. *Carlos Castaneda. Ombres et lumières*, présenté par Daniel C. NOËL.
29. *Ashrams. Grands Maîtres de l'Inde*, d'Arnaud DESJARDINS.
30. *L'Aube du Tantra*, de Chogyam TRUNGPA et H. V. GUENTHER.
31. *Yi King*, adapté par Sam REIFLER.
32. *La Voie de la perfection, l'enseignement secret d'un maître kurde en Iran*, de BAHRÂM ELÂHI.
33. *Le Fou divin. Yogi tantrique tibétain du XVIe siècle*, de Drukpa KUNLEY.
34. *Santana, l'enseignement de Maître Goenka en Inde*, de Dominique GODRÈCHE.
35. *Dialogues avec Lanza del Vasto*, par René DOUMERC.
36. *Techniques de méditation et pratiques d'éveil*, de Marc de SMEDT.

37. *Le Livre des secrets*, de BHAGWAN SHREE RAJNEESH.
38. *Zen et arts martiaux*, de Taisen DESHIMARU.
39. *Traité des Cinq Roues (Gorin-no-Sho)*, de Miyamato MUSASHI.
40. *La Vie dans la vie. Pratique de la philosophie du sâmkhya d'après l'enseignement de Shrî Anirvân*, de Lizelle REYMOND.
41. *Satori. Dix ans d'expérience avec un Maître Zen*, de Jacques BROSSE.
42. *Discours et sermons*, de HOUEÏ-NÊNG, traduit par Lucien HOULNÉ.
43. *Tao Te King*, de LAO TSEU.
44. *Questions à un Maître Zen*, de Taisen DESHIMARU.
45. *Les Contes des arts martiaux*, recueillis par Pascal FAULIOT et présentés par Michel RANDOM.
46. *Essais sur les mystiques orientales*, de Daniel ODIER et Marc de SMEDT.
47. *Zen et vie quotidienne*, de Taisen DESHIMARU.
48. *Le Désert intérieur*, de Marie-Madeleine DAVY.
49. *La Sagesse de l'éveil*, textes présentés par Marc de SMEDT.
50. *L'Esprit guide, entretiens avec Karlfried Durckheim*, par Frantz WOERLY.
51. *Les Appeleurs d'âmes. L'Univers chamanique des Indiens des Andes*, de Sabine HARGOUS.
52. *Le Chemin de la Lumière, la Voie de Nur Ali Elâhi*, par BAHRÂM ELÂHI.
53. *L'Art de la réalisation*, de CHANDRA SWAMI.
54. *Le Trésor du Zen*, de Maître DOGEN, traduit et commenté par Taisen DESHIMARU.
55. *Aphorismes*, de TCHOUANG TSEU, présentés par Marc de SMEDT.
56. *L'Esprit caché de la liberté*, de Tarthang TULKU.
57. *Métanoïa. Phénomènes physiques du mysticisme*, d'Aimé MICHEL.
58. *L'Enseignement de Ramana Maharshi*, traduit par A. DUPUIS, A. PERRELI et J. HERBERT.
59. *Le Bol et le Bâton*, cent vingt contes Zen racontés par Maître Taisen DESHIMARU.
60. *Traité de l'amour*, d'Ibn 'ARABÎ, introduction, traduction de l'arabe et notes de Maurice GLOTON.
61. *L'Évangile de Thomas*, traduit et commenté par Jean-Yves LELOUP.
62. *L'Enseignement du Dalaï-Lama*, de Tenzin GYATSO, traduit par G. TULKU, G. DREYFUS et A. ANSERMET.
63. *La Montagne vide, anthologie de la poésie chinoise*, traduction de Patrick CARRÉ et Zéno BIANU.
64. *Mystères de la sagesse immobile*, de Maître TAKUAN, traduction et présentation de Maryse et Masumi SHIBATA.
65. *La Sagesse du désert, aphorismes des Pères du désert*, de Thomas MERTON, traduction de Marie TADIÉ.
66. *La Pratique du yoga intégral*, de Shrî AUROBINDO, textes groupés, traduits et préfacés par Jean HERBERT.
67. *L'Autre Rive*, textes fondamentaux du Zen commentés par Maître Taisen DESHIMARU. Présentation par Evelyn de SMEDT.
68. *Méditation et santé selon les traditions et médecines chinoises*, de Gérard EDDE.
69. *Métaphysique et psychologie*, de Shrî AUROBINDO.
70. *Le Mesnevi. 150 contes soufis*, de DJÂLAL AL-DÎN RÛMÎ.
71. *Initiation et sagesse des contes de fées*, de Dennis BOYES.
72. *Initiation aux Livres des Morts égyptiens*, de Fernand SCHWARZ.

73. *Ivre de Tao. Li Po, voyageur, poète et philosophe, en Chine, au VIII*e *siècle*, textes réunis et présentés par Daniel GIRAUD.
74. *Futuwah, traité de chevalerie soufie*, traduit et introduit par Faouzi SKALI.
75. *Qui suis-je ? La quête sacrée*, par Jean KLEIN.
76. *L'Évangile de Jean*, traduit et commenté par Jean-Yves LELOUP.
77. *Les Secrets du Soi*, suivi par *Les Mystères du Non-Moi*, de Mohammad IQBAL.
78. *L'Arbre de Vie. Introduction à la Cabale*, de Z'ev Ben Shimon HALEVI.
79. *Le Livre des œuvres divines (Visions)*, de Hildegarde de BINGEN, présenté et traduit par Bernard GORCEIX.
80. *Instructions fondamentales. Introduction au bouddhisme Vajrayana*, de Kalou RINPOTCHE.
81. *Le Prophète*, de Khalil GIBRAN.
82. *La Paix monastique*, de Thomas MERTON.
83. *Le Fou et le Créateur*, de Daniel PONS.
84. *Zen et christianisme*, d'Evelyn de SMEDT.
85. *Le Livre divin*, de Fariddudine ATTAR.
86. *Écrits sur l'hésychasme*, de Jean-Yves LELOUP.
87. *Le Sable et l'écume*, de Khalil GIBRAN.
88. *Les Fleurs de Bouddha, anthologie du bouddhisme*, de Pierre CRÉPON.
89. *Yoga-Sutras*, de PATANJALI, traduction du sanscrit et commentaires de Françoise MAZET.
90. *Nuages fous*, d'IKKYÛ, traduit du japonais et commenté par Maryse et Masumi SHIBATA.
91. *Écrits*, du père Henri LE SAUX, choisis et présentés par Marie-Madeleine DAVY.
92. *Le Jardin de roses*, de SAADI.
93. *Trois Messagers pour un seul Dieu*, de Roger ARNALDEZ.

Album « *Spiritualités vivantes* »

Offrande, textes et photos de Daniel PONS.

« *L'Expérience intérieure* »
Collection dirigée par Marc de Smedt

Traversée en solitaire, de Marie-Madeleine DAVY.
Le Jeu de l'amour et de la sagesse, de Denise DESJARDINS.
Sur la barque du temps, de Jean E. CHARON.
A la recherche du christianisme perdu, de Jacob NEEDLEMAN.
Journal d'une guérison spirituelle, de Nancy AMPHOUX.
Le Maître d'âme, de Christian CHARRIÈRE.
L'Absurde et la Grâce, de Jean-Yves LELOUP.

« *Spiritualités vivantes* »
grand format

La Voie soufie, de Faouzi SKALI.
Musique et extase, l'audition mystique dans la tradition soufie, de Jean DURING.
Enseignements essentiels, du DALAÏ LAMA, prix Nobel de la Paix.
Thomas Merton, un trappiste face à l'Orient, par Gilles FARCET.
L'Église et les religions ou le désir réorienté, du père Jacques VIDAL.
L'Expérience du Zen, de Thomas HOOVER.
Soleil de prières, anthologie de prières du monde entier, de Sylvie REFF.
Rencontres avec Carlos Castaneda et Pachita la guérisseuse, de Maurice COCAGNAC.
Femmes en quête d'absolu, de Simone Weil à Élisabeth Kübler-Ross, d'Anne BANCROFT.
Ivresse de Dieu. Aventures spirituelles en Égypte au IVe siècle, de Monique A. BERRY.

« *Paroles vives* »
Collection dirigée par Jean Mouttapa et Marc de Smedt

Le Jardinier, de Roger BICHELBERGER.
Jésus fils de l'homme, de Khalil GIBRAN.
Parole du Passant, de Jean SULIVAN.
De miel et de fiel, d'Alain CHAPELLIER.
La Contagion de Dieu, de Jacques PAUGAM.
Confiteor, Bernard BESRET.

La composition de ce livre
a été effectuée par Bussière à Saint-Amand,
l'impression et le brochage ont été effectués
sur presse CAMERON
dans les ateliers de la S.E.P.C. à Saint-Amand-Montrond (Cher)
pour les éditions Albin Michel

Achevé d'imprimer en novembre 1991
N° d'édition : 12089. N° d'impression : 2632
Dépôt légal : novembre 1991